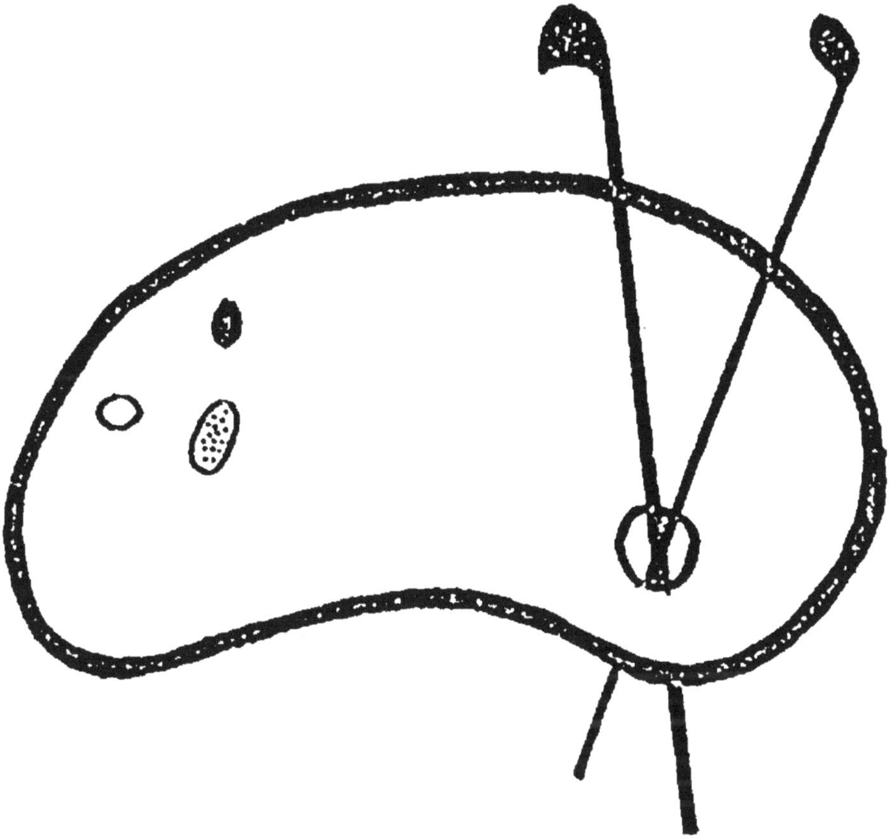

COUVERTURE SUPERIEURE ET INFERIEURE
EN COULEUR

A. BURDEAU

L'INSTRUCTION MORALE

A L'ÉCOLE

DEVOIR ET PATRIE

PARIS

LIBRAIRIE PICARD-BERNHEIM ET Cⁱᵉ

11, RUE SOUFFLOT, 11

L'INSTRUCTION MORALE

A L'ÉCOLE

EXTRAIT

DU

RÈGLEMENT D'ORGANISATION PÉDAGOGIQUE

DES

ÉCOLES PRIMAIRES

(PROGRAMME OFFICIEL DU 27 JUILLET 1882)

Objet de l'enseignement primaire. — « L'objet de l'enseignement
« primaire n'est pas d'embrasser sur les diverses matières auxquelles il
« touche tout ce qu'il est possible de savoir, mais de bien apprendre
« dans chacune d'elles ce qu'il n'est pas permis d'ignorer. »

Méthode. — « La seule méthode qui convienne à l'enseignement primaire
« est celle qui fait intervenir tour à tour le maitre et les élèves, qui entre-
« tient, pour ainsi dire, entre eux et lui un continuel échange d'idées
« sous des formes variées, souples et ingénieusement graduées. »

But de l'enseignement moral. — « L'enseignement moral est destiné
« à compléter et à relier, à relever et à ennoblir tous les enseignements
« de l'école. Tandis que les autres études développent chacune un ordre
« spécial d'aptitudes et de connaissances utiles, celle-ci tend à développer
« dans l'homme l'homme lui-même, c'est-à-dire un cœur, une intelligence,
« une conscience. »

Rôle de l'instituteur dans l'enseignement moral. — « L'insti-
« tuteur est chargé de cette partie de l'éducation, en même temps que
« des autres, comme représentant de la société : la société laïque et dé-
« mocratique a en effet l'intérêt le plus direct à ce que tous ses membres
« soient initiés de bonne heure et par des leçons ineffaçables au senti-
« ment de leur dignité et à un sentiment non moins profond de leur
« devoir et de leur responsabilité personnelle. »

« Sa mission est donc bien délimitée ; elle consiste à fortifier, à enraci-
« ner dans l'âme de ses élèves, pour toute leur vie, en les faisant passer
« dans la pratique quotidienne, ces notions essentielles de moralité humaine,
« communes à toutes les doctrines et nécessaires à tous les hommes
« civilisés. Il peut remplir cette mission sans avoir à faire personnelle-
« ment ni adhésion, ni opposition à aucune des diverses croyances con-
« fessionnelles auxquelles ses élèves associent et mêlent les principes gé-
« néraux de la morale. »

« Dans cet ordre d'enseignement, ce qui ne vient pas du cœur ne va pas
« au cœur. Le plus simple récit où l'enfant pourra surprendre un accent de
« gravité, un seul mot sincère vaut mieux qu'une longue suite de leçons
« machinales. »

Loi du 28 mars 1882. — Programme officiel du 27 juillet 1882

ÉTABLISSEMENTS DE GARÇONS ET DE FILLES

(COURS MOYEN ET SUPÉRIEUR)

———

L'INSTRUCTION MORALE

A L'ÉCOLE

(DEVOIR ET PATRIE)

**L'ENFANT — LA FAMILLE — L'ÉCOLE
LA SOCIÉTÉ — L'ATELIER — LE RESPECT DE SOI-MÊME
LA LIBERTÉ DE CONSCIENCE
LE RESPECT DES PERSONNES ET DES PROPRIÉTÉS
HUMANITÉ & PATRIE**

———

LEÇONS — RÉCITS — RÉSUMÉS
EXERCICES ORAUX ET ÉCRITS — DEVOIRS DE RÉDACTION
AVEC 30 GRAVURES

PAR

A. BURDEAU

ANCIEN ÉLÈVE DE L'ÉCOLE NORMALE SUPÉRIEURE
AGRÉGÉ DE PHILOSOPHIE, PROFESSEUR AU LYCÉE LOUIS-LE-GRAND
CHEVALIER DE LA LÉGION D'HONNEUR

PARIS

LIBRAIRIE PICARD-BERNHEIM ET Cie

11, RUE SOUFFLOT, 11

—

1884

EXTRAITS

DU

Programme officiel du 27 juillet 1882

(COURS MOYEN ET SUPÉRIEUR)

MORALE

PRÉFACE

Depuis quelques années, notre pays, éclairé par une expérience cruelle et peu à peu pénétré des idées républicaines, a commencé à comprendre l'importance du rôle de l'instituteur. Les pouvoirs publics se sont appliqués à relever la situation du professeur primaire, et à l'environner de la considération à laquelle il a tant de droits.

Mais entre toutes les innovations qui ont concouru à ce résultat, aucune n'est plus efficace que l'article de loi qui a reconnu à l'instituteur la mission de donner l'**enseignement moral et civique**, c'est-à-dire de préparer dans l'enfant *l'homme et le citoyen*. Le jour où cette loi fut votée, pour la première fois, la fonction du maître d'école s'est révélée dans toute sa grandeur.

On l'a dit souvent, et c'est une vérité pleine de conséquences : **Tant vaut l'instituteur, tant vaut la nation.**

Ceux qui ont la tâche de nous former des citoyens tiendront bientôt dans leurs mains l'âme et les destinées de tout un grand peuple : l'avenir sera ce qu'ils le feront. Jamais corps de l'État n'eut un pouvoir comparable à celui-là. Jamais responsabilité ne fut plus grande. Pour porter cette responsabilité, pour exercer ce pouvoir, ce ne sera pas trop de toutes les forces, de toutes les lumières que pourront fournir en s'unissant ceux qui ont quelque habitude de l'enseignement des vérités morales et des principes civiques.

Chacun doit apporter sa contribution à la tâche commune : c'est la raison d'être, ou, si l'on veut, la justification de ce petit livre.

A. BURDEAU.

NOTE DES ÉDITEURS

Chaque chapitre de ce livre est composé de trois parties : des *Leçons*, des *Récits* et un *Résumé*.

Chaque leçon devra être *lue* à plusieurs reprises, et non pas apprise par cœur. Mais à chaque leçon correspondent quelques paragraphes du résumé : l'élève les *récitera*, et gravera ainsi dans sa mémoire les notions essentielles.

La marche la plus simple comme la plus généralement adoptée est la suivante : faire lire une leçon ou un récit en classe; donner à copier et apprendre la partie du résumé qui y répond; — à la classe suivante, on fait réciter cette partie du résumé : à cet effet, le maître utilise le questionnaire qui suit le résumé pas à pas, pour aider la mémoire de l'enfant. En outre, on s'efforcera de faire raconter les récits par les élèves, pour s'assurer qu'ils les ont bien compris.

Des devoirs de rédaction, placés à la fin du chapitre, permettront d'exercer le raisonnement et le style de l'élève sur les matières récemment apprises.

La leçon, on le remarquera, est un *dialogue* entre le maître et les élèves. Elle offre ainsi une image vivante de ce que doit être la classe, selon la pédagogie moderne : faire parler l'élève, provoquer ses questions, lui faire découvrir les réponses par ses propres raisonnements, telle est en effet la tâche la plus difficile et la plus belle de l'instituteur. Il trouvera dans ce livre un guide à cet égard.

Picard-Bernheim et Cⁱ.

CHAPITRE PREMIER

L'INSTRUCTION MORALE

PREMIÈRE LEÇON

L'ÉCOLE

— Eh bien! mes amis, que veut dire ce beau zèle?
Il reste encore dix minutes avant que l'heure ne sonne,

— Eh bien! mes amis, que veut dire ce beau zèle?

et vous voilà tous en classe! Est-ce que vous auriez perdu
le goût du jeu?

— Mais, monsieur, vous ne vous rappelez donc pas?
Samedi, à la fin de la classe, vous nous avez promis de
commencer ce matin **l'instruction morale et civique.** Même vous nous avez dit que ce serait aussi inté-
ressant, et peut-être plus, que l'histoire de France.

— En effet, mes enfants, Il est très utile de savoir **ce que la France était autrefois;** mais il est encore plus utile de savoir **ce que la France est aujourd'hui,** comment elle est gouvernée et administrée. Et cela, c'est **l'instruction civique.**

Quant à **l'instruction morale,** elle vous apprendra comment vous devez vous conduire, aujourd'hui et plus tard, pour être **d'honnêtes gens et de bons Français,** comme ceux qui ont vécu avant vous. C'est par là que nous commencerons. L'instruction civique viendra après.

Il faut que je reprenne cela de plus haut. Vous allez voir que quand je vous dis : l'instruction morale est la chose qu'il importe le plus de savoir, c'est bien la vérité.

D'abord, je ne vous demanderai pas :

« *Lequel vaut le mieux d'être* **instruit** *ou de rester* **ignorant ?** » La meilleure réponse que vous puissiez faire, c'est que vous êtes ici, et que vous m'écoutez tous avec attention.

Mais vous vous trouveriez peut-être plus embarrassés, si au lieu de vous faire cette question, je vous posais celle-ci :

« *Qu'est-ce qu'il importe le plus de savoir ?* »

DEUXIÈME LEÇON

QU'EST-CE QU'IL IMPORTE LE PLUS DE SAVOIR?

— Oh ! voilà bien des mains qui se lèvent : une, deux, trois, quatre, cinq... tout le monde veut répondre. J'entends dire, ici : la lecture ! Là : le calcul ! Là-bas : l'histoire !

Assurément, mes enfants, il y a bien des choses à savoir. Par exemple, Jacques n'a pas tort de dire que la **lecture** passe avant tout : c'est par ce savoir-là qu'il faut commencer, puisqu'il donne la clé de tous les autres ; il vous ouvre les livres, et *les livres sont comme autant de maîtres*, chargés d'aider votre instituteur pendant que vous êtes à l'école, et de le remplacer durant le reste de votre vie.

Il n'est pas moins important de savoir **écrire** et **calculer** : il n'y a personne qui n'ait, de temps à autre, besoin d'envoyer une lettre à un absent, de dresser et signer un contrat ou un bail, ou bien enfin, de régler un compte d'argent. Et celui qui ne sait pas se rendre à lui-même ces petits services, est forcé de les demander aux autres et de se remettre aveuglément dans leurs mains, comme le ferait un petit enfant.

Mais il y a une chose qu'il importe plus encore de savoir que toutes celles-là. Quelle est cette chose? Pouvez-vous le dire?

Ah! cette fois, personne ne se presse de répondre. Eh bien! réfléchissez un peu. Pourquoi est-il si nécessaire que vous sachiez lire des livres instructifs et pleins de bons conseils? pourquoi est-il si nécessaire que vous sachiez écrire vos lettres, mener vos petites affaires et calculer vos intérêts? C'est parce que les livres vous aideront à être des **hommes éclairés, justes et bons.** C'est aussi parce que l'homme qui sait conduire son affaire est plus *capable d'aider les siens*, de devenir un appui pour ses parents, et qu'il est plus à même de rendre service à ses voisins, à ses concitoyens, enfin à tout son pays.

Ainsi, vous le voyez, tout le savoir que votre maître tâche de vous donner, il vous le donne afin que vous vous en serviez pour devenir des hommes utiles, des **hommes de bien.**

Il est donc vrai de dire que ce qu'il importe le plus de savoir, c'est comment on devient un homme de bien. Et par conséquent il n'y a pas de science qui passe avant l'instruction morale. Aussi, dans **la loi,** elle se trouve inscrite en tête des matières que sont obligés d'apprendre tous les enfants de France.

TROISIÈME LEÇON

LES PREMIERS DES DEVOIRS SONT LES DEVOIRS DE FAMILLE

La première chose à faire, pour un enfant qui veut suivre dans la vie le droit chemin, c'est d'apprendre à *se bien conduire dans sa famille*.

En effet, celui qui aura su faire son **devoir envers ses parents** sera tout préparé d'avance à se comporter honnêtement plus tard avec **ses maîtres** à l'école, avec **ses patrons** à l'atelier, avec **ses chefs** à l'armée et avec **ses supérieurs** en toute circonstance.

Pareillement, celui qui aura su être **bon frère** trouvera tout naturel ensuite d'être bon camarade, bon ami et bon **pour tous ses semblables**.

La famille est comme une école où l'enfant s'exerce naturellement à tous les devoirs qu'il aura à remplir durant sa vie.

Sachons donc d'abord quelles sont nos obligations envers les membres de notre famille.

PREMIER RÉCIT

UNE LEÇON DE MORALE DANS LA RUE

Socrate[1], qui fut un des hommes les plus sages des temps anciens, avait coutume de dire à ses disciples qu'il ne pouvait leur enseigner qu'une science; mais c'était la première et la plus indispensable de toutes, la science qui rend les hommes bons et honnêtes en les éclairant sur leurs devoirs : *la Morale.*

---

1. Socrate, illustre philosophe athénien, combattit les *sophistes*, qui corrompaient les jeunes gens en leur enseignant à mépriser leurs parents, les lois et la patrie. Accusé d'offenser les dieux, il fut condamné à boire la ciguë (469-400 avant J.-C.).

Un jour, dans une rue d'**Athènes**, sa patrie, il fit la
rencontre d'un jeune homme qui lui parut de bonne
mine, et il résolut d'en faire son disciple et son ami.
lui barra le chemin avec son bâton et lui dit : « Sais-tu
où se vendent le pain et la viande? — Oui bien,
répliqua **Xénophon** (c'était le nom du jeune homme):
tu trouveras ces choses au marché de l'Agora. — Et

— Viens avec moi et nous étudierons ensemble.

sais-tu, poursuivit Socrate sans baisser son bâton, où
l'on peut acheter des vêtements et des chaussures? —
Oui, dit l'autre, et il enseigna à Socrate les marchands. »
« C'est très bien ; mais maintenant, jeune homme,
puisque tu sais tant de choses utiles, pourrais-tu me dire
où l'on apprend à devenir un homme de bien? » Cette
fois, Xénophon se tut et rougit; Socrate lui dit alors : « A
quoi bon savoir le reste, si tu ignores la seule chose qui
soit essentielle? Et quel usage feras-tu de ta science, si
tu ne sais pas t'en servir pour le bien? Elle sera dans ta
possession comme un outil aux mains d'un homme sans

expérience : il le manie au hasard et se blesse plus qu'il n'avance dans son ouvrage. »

Et comme Xénophon demeurait confus devant Socrate et honteux d'avoir si longtemps négligé la véritable instruction, le sage lui dit : « *Viens avec moi et nous étudierons ensemble la science du bien.* » Ainsi fut fait, et Xénophon, formé par les leçons de ce maître, devint un des citoyens les plus éclairés de la Grèce et l'un de ceux qui font le plus d'honneur à ce pays si fécond en grands hommes et en hommes vertueux.

DEUXIÈME RÉCIT

ABRAHAM LINCOLN, PRÉSIDENT DES ÉTATS-UNIS

Abraham Lincoln, le président des États-Unis, que ses compatriotes avaient surnommé « *le vieil honnête Abra-*

— Dites que j'ai voulu être un bon fils.

hám », n'était dans sa jeunesse qu'un pauvre bûcheron. **Mais il sut s'instruire tout en gagnant sa vie;** on renom de bon sens, de droiture et de probité, se répandit, et il arriva ainsi du plus humble métier à la première magistrature, — chose qui serait impossible ailleurs que dans une **République démocratique.**

Il contribua à l'abolition de l'esclavage des nègres et pacifia les États-Unis bouleversés par la guerre civile la plus affreuse des temps modernes. Il acquit ainsi la gloire la plus pure, celle qui est fondée sur l'estime de tous les contemporains.

Quand ses amis, fiers de son élévation, le comblaient d'éloges, l'appelaient « **le libérateur des noirs** », « **le grand homme** », savez-vous ce qu'il leur répondait?

*« Donnez-moi un autre nom, mes amis. Il sera plus juste, j'espère, et il me touchera davantage. Dites que j'ai voulu être « **un bon fils** ». Voilà la source de ce que j'ai pu faire de bien : j'ai eu la meilleure et la plus noble des mères; j'ai tâché de n'être point pour elle un sujet de tristesse, mais plutôt de consolation. Tout ce que je suis, tout ce que je voudrais être, c'est à elle que je le dois. »*

RÉSUMÉ

1. Le savoir rend seul l'homme indépendant et maître de lui-même.

2. Le plus grand malheur de l'ignorant c'est de ne pas connaître combien son état est misérable.

3. Le savoir est estimable, parce qu'il nous rend l'honnêteté plus facile.

4. Au-dessus de toutes les connaissances, nous devons placer la connaissance du bien et des moyens d'y arriver.

5. Par l'instruction morale et civique, nous acquerrons les connaissances nécessaires pour

devenir des hommes honnêtes et de bons Français.

6. Sans l'instruction morale et civique, l'homme est aussi exposé à mal agir qu'un aveugle à faire un faux pas.

7. Socrate avait raison de le dire : « Il y a quelque chose de plus nécessaire à l'homme que le pain et le vêtement : c'est l'instruction morale. »

8. La famille est l'école où l'on apprend la pratique de tous les devoirs.

En se conduisant bien avec ses père et mère, on apprend à se bien conduire avec ses supérieurs.

En se conduisant bien avec ses frères et sœurs, on apprend à se bien conduire avec ses égaux.

9. L'enfant qui aura bien aimé sa mère saura bien aimer sa patrie.

Les enfants respectueux envers leur père font les citoyens respectueux envers les lois.

EXERCICES ORAUX OU ÉCRITS

1. Quelle est l'utilité du savoir?
2. Quel est le plus grand malheur de l'ignorant?
3. Pourquoi le savoir est-il estimable?
4. Quelle est la connaissance qu'il faut placer au-dessus des autres?
5. A quoi sert l'instruction morale et civique?
6. A quoi est exposé l'homme qui n'a pas l'instruction morale et civique?
7. Répétez le mot de Socrate au sujet de l'instruction morale.
8. Comment la famille est-elle une école?
9. Qui est-ce qui saura bien aimer sa patrie, respecter les lois?

Devoirs de rédaction

1. Expliquez l'utilité de l'instruction et les inconvénients de l'ignorance. — Expliquez pourquoi l'instruction morale et civique est la plus importante de toutes.

2. Racontez la rencontre de Socrate avec Xénophon. — Expliquez ce proverbe: la Famille est la première école de toutes les vertus.

3. Montrez qu'en remplissant ses devoirs de famille on apprend à remplir ses devoirs envers tout le monde.

4. Racontez comment Lincoln expliquait qu'il avait pu devenir un homme de bien.

CHAPITRE II

LES DEVOIRS ENVERS LES PARENTS
L'OBÉISSANCE

PREMIÈRE LEÇON

L'OBÉISSANCE AUX PARENTS. — IL FAUT OBÉIR PAR BON SENS

Un enfant qui n'aurait pas ses parents d'abord pour le nourrir, et puis pour le protéger contre tous les périls de la vie, mourrait bien vite et bien misérablement. Dans son jeune âge, il ne peut ni chercher la nourriture dont il a besoin, ni se défendre du froid, dont la moindre atteinte peut le tuer, ni même se servir de ses membres.

Il est nu, il est débile, il est comme aveugle. Pendant plusieurs années, l'enfant reste dans un état de faiblesse extrême et dans l'impuissance de se suffire.

Ses parents viennent alors sans cesse à son secours et l'entourent de mille soins; au prix de continuels soucis, ils le sauvent et lui font une santé.

Mais encore faut-il que l'enfant ne gâte pas leur œuvre par son imprudence, car *l'usage de ses membres lui vient plus vite que l'expérience et la sagesse,* qui sont cependant nécessaires pour s'en servir utilement.

C'est donc d'abord l'intérêt de l'enfant d'obéir à ses parents, car ils connaissent mieux la vie. Ainsi, mes amis, réfléchissez un moment : vous verrez que si vous savez quelque chose et si vous commencez à pouvoir vous suffire en quelques menus détails, c'est de vos parents surtout que vous l'avez appris.

— Vous savez qu'il faut être **honnête** avec les grandes personnes, **serviable** avec ses camarades, qu'il faut se faire bien venir et caresser de ses parents et des personnes d'âge. De qui tenez-vous cela, si ce n'est pas de votre **père** et de votre **mère ?**

Mes amis, répétez donc bien souvent, pour la faire entrer dans votre tête, cette vérité : c'est que *sans l'obéissance, par* **inexpérience,** *vous vous seriez blessés cent fois déjà, empoisonnés, tués* ou bien vous vous seriez rendus insupportables aux autres, faute de **savoir-vivre.** *Sans l'obéissance, l'enfant ne pourrait pas subsister.*

DEUXIÈME LEÇON

L'OBÉISSANCE AUX PARENTS (*Suite*). — IL FAUT OBÉIR PAR
RECONNAISSANCE ET PAR DEVOIR

Le plus grand défaut de la désobéissance, ce n'est pas encore d'exposer l'enfant à beaucoup de dangers ; elle a surtout pour effet de **chagriner les parents.**

Les parents ne commandent aux enfants que pour le bien de ceux-ci. S'ils n'aimaient pas leurs enfants plus que leur propre repos, ils ne se tourmenteraient pas à les surveiller, à les corriger et à réparer leurs petites fautes. *La sollicitude ne peut venir que d'une grande affection.*

Les enfants doivent payer de retour cette affection.

Rien ne leur est plus facile d'ailleurs. *Les enfants ne*

savent pas combien ils peuvent contribuer au bonheur de leurs parents. Les caresses d'un enfant aimant, ses paroles affectueuses, ses petits soins, suffisent déjà pour faire entrer la joie dans la maison. Mais c'est surtout par sa **docilité** que l'enfant peut réjouir ses père et mère.

Par là, en effet, non seulement il complaît à ses parents, qui voient leurs volontés respectées; mais il les rassure pour son propre avenir. Ils se disent : « Nos conseils serviront de guide à notre enfant. Il marchera toujours dans la voie que nous lui aurons ouverte. *Il sera donc un honnête homme.* » Et cette pensée suffit pour donner aux parents un grand contentement.

Ce contentement, mes amis, leur est bien nécessaire : car leur vie est souvent pénible et toujours laborieuse; et presque toute la peine qu'ils prennent, c'est pour vous assurer le pain et les autres choses nécessaires.

Il y a des enfants qui, au contraire, attristent leurs parents par leur **désobéissance** et leur **ingratitude.** On ne songe pas sans horreur à ces malheureux **dénaturés.**

Peut-être faut-il les prendre surtout en pitié : car ils n'ont sans doute pas réfléchi à l'injustice et à la méchanceté de leur conduite.

Il faut aussi obéir par obligation. L'obéissance n'est pas seulement une preuve de bon sens et de bon cœur. *Elle est avant tout un devoir.*

Il n'est personne qui ne s'incline devant ce mot : **devoir.** L'enfant lui-même a pu voir quelle puissance ce mot a sur ses parents. *Le devoir est sacré, le devoir est inviolable, le devoir est irrésistible.*

Le devoir se nomme encore **la loi morale.**

Le grand philosophe **Kant** disait à ce sujet : « Deux choses remplissent notre âme d'une admiration sans cesse renaissante : *le ciel étoilé au-dessus de nos têtes, la loi morale au dedans de nous.* »

Mais *connaître le devoir,* ce n'est le fait que d'une

personne mûre, raisonnable et expérimentée. Un enfant n'en est pas capable, et ne le devient que petit à petit. *Un enfant n'est pas encore une personne.* C'est pourquoi, s'il veut suivre le devoir, il faut qu'il s'en remette à de plus sages, et surtout à ses parents. Ceux-ci ont appris à connaître ce qui est juste et bon en chaque circonstance. Ils l'enseignent à leurs enfants en leur commandant des choses honnêtes et droites.

L'obéissance envers vos parents est donc la meilleure préparation à l'obéissance envers la loi du devoir, c'est-à-dire à une vie digne et heureuse.

PREMIER RÉCIT

PUNITION DES ENFANTS INDIGNES A ATHÈNES

Entre autres beaux exemples que nous ont laissés les anciens Grecs, en voici un qui est digne d'admiration :

Quand un Athénien arrivait à l'âge d'homme, il commençait aussitôt à aller à l'Agora, pour y prendre part aux délibérations de **l'assemblée des citoyens.** Car la ville étant petite et les citoyens peu nombreux, ils se réunissaient tous aisément en une seule place, et là, ils discutaient leurs affaires, réglaient eux-mêmes leurs impôts, faisaient leurs lois, comme des **hommes libres** qu'ils étaient. Chacun pouvait donner son avis à son tour, et même l'appuyer par des discours, ce dont ils ne se faisaient pas faute, car ils étaient beaux parleurs.

Mais, quand un jeune citoyen demandait pour la première fois à user de ce droit, avant de le laisser monter à la tribune, le président de l'assemblée du peuple lui faisait passer une sorte d'examen. Voici en quelle forme :

Il avertissait à haute voix tous les Athéniens présents que tel citoyen demandait à parler. Alors, si quelqu'un de l'assistance, connaissant le nouveau venu, avait appris ou vu *qu'il eût jamais manqué au respect, à la piété, à la reconnaissance qu'un enfant doit à ses parents,* il se levait et racontait ce qu'il savait.

Si les faits étaient prouvés, aussitôt le président, au nom de l'assemblée, déclarait le jeune homme mauvais fils, le notait d'**infamie** et le chassait de la tribune.

Dans cette cité admirable où fleurirent toutes les vertus civiques et toutes les libertés, on ne pouvait croire que celui qui avait été **mauvais fils** *pût jamais être autre chose qu'un* **mauvais citoyen,** *indigne de la confiance publique.*

DEUXIÈME RÉCIT

JACQUES LE VRAI RICHE

Quand j'étais petit enfant, vivant au village, chez ma grand'mère, nous avions pour voisin Jacques, que mes vieux parents appelaient le bon Jacques, et que nous autres appelions le père Jacques.

Le père Jacques avait pour tout bien au monde un pré, une maison, plus trois beaux garçons et une toute petite fille : nous nous plaisions ensemble, avec l'aîné surtout, qui était déjà fort et aussi bon que son père et sa mère. Nous allions tous deux à l'école, et en route il m'encourageait à l'étude, car je n'aimais guère à apprendre. A la sortie, il me défendait contre ceux qui me cherchaient noise : tout petit que j'étais, j'avais le talent de me faire des affaires avec tous les querelleurs ; et puis ensuite, quand nous étions seuls, il me grondait. Mais nous n'en restions pas moins bons amis.

C'étaient là toutes les richesses du père Jacques. C'était peu ; mais il paraissait heureux, et il était toujours gai, vu que tout son monde l'aimait et le vénérait, et il les aimait lui-même tendrement. C'était un homme juste avec les siens, on lui obéissait avec plaisir.

Or il arriva, en 1846, l'année de la grande inondation,

que la rivière grossie couvrit le beau pré et aussi une terre voisine qui formaient presque tout le bien du père Jacques. Ce n'était pas la première fois que ce malheur lui arrivait; mais, pour la première fois, l'eau en se retirant ne laissa à la place du terrain qu'un amas de galets et de sable. Le bien du père Jacques, terre et pré, était perdu.

Presque au même moment, le feu prit chez lui: nous

— Nous n'avions pas encore de pompe au village.

n'avions pas encore de pompe au village; tout le monde regarda brûler la maison, et après la maison l'écurie, d'où l'on ne sauva qu'à grand'peine la vieille vache qui était tout le bétail de la mère Jacques.

Jacques était ruiné, car, dans ce temps-là, on ne connaissait guère les **assurances** : tout ce qu'avaient amassé le travail de son père, le sien, celui de sa brave femme, tout enfin avait disparu. Les voisins le plaignaient, et disaient quand il n'était pas là : « Encore s'il n'avait pas ses quatre enfants. Il a ses bras et ceux de sa femme; à eux deux, ils se tireraient d'affaire, car ils sont courageux. Mais comment nourrir tous ces petits : ils ne peuvent travailler, et ce n'est pas le brave Jacques qui les enverrait mendier : il est trop bon père et trop fier de ses garçons. »

Ma grand'mère seule ne pensait pas comme les autres :

— Vous plaignez Jacques, disait-elle, parce que vous le croyez sans ressources. Et je vous dis, moi, qu'il est le plus riche et le plus heureux de ce village, et peut-être de tout le pays. Lequel d'entre nous a des enfants aussi obéissants, aimant autant leurs parents, et aussi robustes?

« Vos maisons vieilliront avec vous; vos meubles, vos charrues et vos outils s'useront; votre bétail périra et votre argent se dépensera. Mais les enfants de Jacques grandiront, et au jour du besoin, il les trouvera pour lui servir d'appui et lui faire honneur. »

Ma grand'mère avait deviné la vérité et l'avenir. Jacques est vieux aujourd'hui, et bien cassé, ainsi que sa femme : il leur a fallu travailler durement et se priver pour donner à leurs quatre enfants *le pain et l'instruction*, mais enfin les voilà hors de misère : l'aîné, mon ami, est devenu capitaine d'artillerie; le second, qui est resté au pays, a réussi, avec son père, à enlever pelle par pelle le sable et les galets qui cachaient leur terre : ils y ont mis tous leurs moments de répit pendant neuf années. Après quoi le fils a eu l'idée de s'entendre avec les autres propriétaires riverains pour organiser un **syndicat,** *c'est-à-dire une association qui a construit et qui entretient des digues pour arrêter les inondations.* Sa capacité l'a fait rechercher depuis pour diriger d'autres entreprises d'agriculture; et le voilà propriétaire aisé, et adjoint au maire de sa commune. Les autres enfants du père Jacques n'ont pas moins bien marché.

Quant au père et à la mère Jacques, lorsqu'on les félicite d'être hors de tant d'embarras, ils répondent en souriant « *qu'ils n'ont jamais été à plaindre, puisque leurs enfants n'ont jamais cessé de les aimer et de les honorer.* »

RÉSUMÉ

1. Le bon sens nous commande d'obéir à nos parents.

   L'enfant qui désobéit se prive de ses guides naturels et s'expose sans protection. C'est comme s'il se rendait volontairement orphelin.

2. Chez les anciens, ceux qui se conduisaient mal envers leur famille étaient dégradés du rang de citoyens.

3. Tout ce que nous sommes, nous le devons à nos parents.

4. Les parents ne commandent aux enfants que pour leur bien.

5. Celui qui ne récompense pas l'affection par l'affection est un ingrat.

6. L'enfant peut payer les soins de ses parents et les rendre heureux ; il suffit qu'il soit docile, qu'il profite de leurs leçons, qu'il mérite devant eux les éloges de ses maîtres et des autres personnes.

7. Un enfant docile rassure ses parents sur son avenir.

8. Le devoir parle aux hommes par l'intermédiaire de leur conscience, et aux enfants par la bouche de leurs parents.

EXERCICES ORAUX OU ÉCRITS

1. Qu'est-ce que le bon sens nous commande envers nos parents? A qui l'enfant qui désobéit fait-il le plus de tort?

2. Que faisait-on, chez les anciens, à ceux qui se conduisaient mal envers leurs parents?

3. A qui devons-nous ce que nous sommes?

4. Qu'est-ce que les parents ont en vue quand ils commandent à leurs enfants?

5. Qu'est-ce qu'un ingrat?

6. Comment un enfant peut-il payer ses parents?

7. Sur quoi l'enfant docile rassure-t-il ses parents?

8. Comment le devoir parle-t-il aux hommes? aux enfants?

[Devoirs de rédaction

1. Exposez les raisons pour lesquelles l'obéissance est nécessaire à l'enfant?

2. Expliquez ce que c'est qu'un devoir. — Expliquez comment c'est un devoir d'obéir à ses parents.

CHAPITRE III

LA DÉSOBÉISSANCE. — LES DEVOIRS DES ENFANTS D'APRÈS LE CODE [1]

PREMIÈRE LEÇON

LES ENFANTS DÉSOBÉISSANTS ET INGRATS

— Paul, vous n'écrivez pas, pourquoi cela?

— Monsieur, c'est que j'ai mal à la main.

— En effet, vos doigts sont enveloppés d'un linge. Que vous est-il donc arrivé?... Eh bien ! vous ne répondez pas?

— Monsieur, c'est qu'il n'ose pas. Il m'a prié de vous raconter la chose. Son père lui avait défendu de toucher les morceaux de fer de la forge; Paul a voulu en prendre

---

1. Consulter le *Droit usuel et l'Économie politique à l'École,* par MM. Reverdy et Burdeau.

un, qui n'était plus rouge, mais qui était encore brûlant.

— Vous le voyez, mon petit Paul. Je vous l'avais déjà dit plusieurs fois, car vous êtes un peu têtu : *quand un enfant désobéit, il peut lui en cuire*. Heureusement, pour cette fois, le mal n'est pas grand, et ce ne sera qu'un avertissement. Profitez-en.

Il y a des enfants qui mettent leur **orgueil à ne pas obéir.** Ils se croient de bien grands personnages parce qu'ils n'en font qu'à leur tête. Mais comme cette petite tête n'en sait pas bien long encore, elle les conseille fort mal et ils ne réussissent qu'à faire des bévues dont ils souffrent tout les premiers, et qui les rendent ridicules.

D'autres sont comme Louis Grandet, qui ne voulait jamais obéir sans avoir **raisonné** un grand quart d'heure. L'autre jour, en passant devant la maison du boucher, son père lui disait de ne pas approcher du chien : Louis n'a pas voulu l'écouter sur-le-champ, il a demandé comme d'habitude des explications, et pendant ce temps-là le chien s'est jeté sur lui, lui a enlevé le fond de sa culotte, et peut-être bien un petit morceau de la peau avec.

Au lieu de demander le pourquoi de tout, il aurait mieux fait de se rappeler que **la promptitude est le commencement de la vraie obéissance.** Notez que, le plus souvent, ces jeunes raisonneurs ne seraient pas à même de comprendre l'explication qu'ils demandent, parce qu'elle dépasse leur âge et leur esprit.

Voyez dans l'armée, si le soldat demande à l'officier es raisons des manœuvres qu'on lui commande en guerre ? Voyez s'il exige qu'on discute avec lui le plan de campagne qui a été dressé par les généraux les plus expérimentés et les plus habiles ? Non ; il marche de bon cœur, sans chercher des anicroches.

Et le malade ? demande-t-il au médecin, avant de prendre un remède, qu'on lui en explique l'effet et qu'on lui en démontre l'utilité par des raisons savantes ? Non, car il aurait le temps de mourir avant. Ou bien alors, il ferait comme le malade imaginaire de Molière[1] qui pour mieux juger son médecin, étudie et se fait recevoir docteur lui-même.

Enfin, quelques enfants — mais ceux-là sont pires — ne veulent pas obéir, *sous le prétexte que leurs parents*

Le chien s'est jeté sur lui.

sont moins instruits qu'eux-mêmes. Il est vrai, en effet, que vos parents n'ont pas tous eu le bonheur de commencer leur vie dans une époque éclairée comme la nôtre : mais ce qui fait leur honneur, c'est qu'ayant connu à leurs dépens les inconvénients de l'ignorance, ils ont courageusement entrepris de créer à grands frais des écoles, afin d'instruire leurs enfants et tous les enfants de France. Voilà ce qu'ils ont fait. Et il faudra en récompense qu'ils se voient reprocher leur malheur par leurs

----

1. Molière (Jean-Baptiste Poquelin, dit), né en 1622, mort en 1673. Le plus grand poète comique français.

enfants! C'est là une indignité, et celui qui s'en rend coupable ne mérite pas l'instruction, puisqu'elle ne lui inspire pas des sentiments meilleurs et plus justes.

Un enfant qui a du bon sens comprend, au contraire, fort bien que chez les personnes d'âge, l'expérience et la sagesse naturelle suppléent souvent au savoir, surtout au petit savoir que peut contenir une jeune tête.

Et de même, il ne se mêle pas de décider si ses parents sont sans défauts, comme certains enfants qui découvrent des imperfections à tout le monde, et qui ne trouvent personne assez parfait pour être digne de les commander. *Un enfant ne doit jamais juger personne.*

DEUXIÈME LEÇON

LES DEVOIRS DES ENFANTS, D'APRÈS LE CODE CIVIL

Les **devoirs** essentiels des enfants envers leurs parents sont **reconnus par la loi** : le législateur les a même inscrits en tête du **code civil.**

Dans les temps anciens, alors que les hommes étaient encore à demi barbares, l'autorité du père était beaucoup plus sévère qu'aujourd'hui. Ainsi, chez les premiers Romains, le père avait *droit de vie et de mort* sur ses enfants ; il pouvait les vendre comme esclaves, ou les exposer sur les grands chemins. L'enfant était une chose, une propriété entre les mains de son père.

Peu à peu, l'autorité du père a pû sans inconvénient devenir plus douce. Aujourd'hui elle est tout à fait modérée et raisonnable ; aussi n'en est-elle que plus digne de respect.

Jusqu'à l'âge de **vingt et un ans** révolus, la loi française appelle l'enfant un **mineur;** passé vingt et un ans, il est **majeur.** Toutefois, dès l'âge de **dix-huit ans,** il peut être **émancipé** si ses parents le jugent bon, et *alors il a les droits d'un majeur.*

L'enfant **mineur** est placé sous l'**autorité paternelle** : il doit obéissance à ses parents; il ne peut quitter leur maison sans leur permission.

Si, par sa mauvaise conduite, il leur donne des sujets de mécontentement graves, ses parents peuvent même le faire **emprisonner** dans une **maison de correction** : tant que l'enfant n'a pas **seize ans,** un ordre de son père suffit pour l'envoyer en prison *pour un mois.* **De seize à vingt et un ans, le juge** intervient pour examiner la faute de l'enfant ; et si cette faute est reconnue grave, alors ce n'est plus pour un mois, c'est *pour six mois* que le coupable peut être enfermé.

C'est un *droit redoutable* que celui dont le père est ainsi armé. En le lui donnant, le législateur a voulu nous apprendre *qu'un père est au-dessus de sa famille de la même façon qu'un magistrat est au-dessus de ses concitoyens,* et que **lui désobéir, c'est se révolter contre la loi elle-même.**

TROISIÈME LEÇON

LES DEVOIRS DES ENFANTS MAJEURS

Les devoirs des enfants *changent avec l'âge;* mais **ils ne diminuent pas:** ils augmentent plutôt.

Une fois arrivé à sa **majorité,** l'enfant doit être assez raisonnable pour répondre de ses actes : ses parents sont donc déchargés de leur responsabilité. Aussi n'ont-ils plus à lui donner des ordres, mais seulement de bons **conseils.** Et de son côté, l'enfant doit les entourer **d'honneur** et de **respect.** Ainsi parle la **loi française.**

Toutefois, il est encore un acte de sa vie, pour lequel l'enfant reste soumis durant un temps à la volonté de ses parents; c'est le **mariage.** Jusqu'à l'âge de **vingt-cinq ans,** les garçons ne peuvent se marier contre le gré de leurs parents. Pour les filles, comme il est d'usage qu'elles s'établissent plus jeunes, la défense de se marier ne peut être maintenue par les parents que jusqu'à la **vingt et unième année** révolue.

De plus, même une fois cet âge passé, il faut que les enfants demandent le **consentement de leurs parents;** et les parents peuvent le refuser jusqu'à trois fois, pendant trois mois de suite. Si les enfants ont **trente ans** passés, les parents ne peuvent refuser que pendant un mois leur consentement.

En résumé, les parents peuvent imposer à leurs enfants, quand ceux-ci veulent se marier contre le gré de la famille, une attente qui peut durer *des années* si les enfants sont tout à fait jeunes, et qui ne dure qu'*un mois* si les enfants sont d'âge mûr. *Le temps de réflexion est ainsi proportionné à la raison des enfants*, ce qui est juste.

QUATRIÈME LEÇON

LES DEVOIRS DES ENFANTS ENVERS LEURS PARENTS AGÉS

Une dernière **obligation légale** des enfants, c'est de fournir à leurs parents vieux et sans ressources des *aliments*, c'est-à-dire le nécessaire pour subsister. Seuls les enfants dénaturés pourraient faillir à ce devoir. Ils sont alors traités comme ces **mauvais débiteurs** contre qui leurs créanciers sont obligés de faire marcher les huissiers. Et, en effet, la nourriture et les dépenses de toute sorte qu'ont coûtées les enfants sont une dette contractée par eux envers leurs parents, et même c'est là la plus sacrée de toutes les dettes.

Quant au **dévouement** et à la **tendresse** dont vos parents vous ont entourés, c'est là aussi une dette : mais *elle ne saurait être payée par de l'argent*, et la loi renonce à la faire solder à ceux qui ne s'en acquittent pas d'eux-mêmes : *d'un mauvais cœur, on ne peut pas tirer un bon sentiment*.

PREMIER RÉCIT

LE FILS MÉCHANT ET PUNI

Quand le père Antoine fut vieux, si vieux que, malgré son courage, il ne pouvait plus tenir la pioche, ses genoux tremblaient sous lui, ses oreilles étaient presque insensibles et ses yeux presque aveugles, alors il fit abandon de tous ses biens à son fils Louis. Puis il rentra pour toujours dans la maison, et il dit : « J'ai travaillé la terre soixante-cinq années; j'ai fait ma tâche. Me voilà fatigué; je vais enfin m'asseoir, pour attendre ma fin paisiblement. J'ai peiné bien longtemps pour mon fils; son tour est venu, il me soignera. Ce ne sera pas bien long, je sens qu'avant peu il faudra me reposer tout à fait dans la terre. »

Le père Antoine avait tant aimé son Louis, il avait tant travaillé pour l'élever et l'enrichir, qu'il comptait sur un peu d'amitié en retour. *Mais Louis était un ingrat.*

Le vieux père était cassé par l'âge et les labeurs, ses pauvres mains tremblaient et il était maladroit à tout, lui qui avait été autrefois un des plus dispos et des plus forts du pays. A table, c'est à peine s'il pouvait tenir sa cuiller. Et parfois il laissait échapper un peu de sa soupe sur la table et sur lui-même.

Son fils faisait alors le dédaigneux; il lui dit un jour: « *Père, demain vous mangerez votre soupe derrière le coin du fourneau. Tout le monde s'en trouvera mieux.* »

Le pauvre vieux ne dit rien. Mais, une fois seul, il pleura en songeant : « *Voilà que mon fils Louis ne veut plus de moi à sa table.* »

Un autre jour, dans le coin noir où il allait se cacher pour manger, il laissa de ses mains tremblantes échapper son assiette, qui se brisa avec fracas.

DEUXIÈME RÉCIT

LE FILS MÉCHANT ET PUNI (*Fin.*)

Louis fut mécontent ; il alla chez le tourneur, et lui commanda une grosse écuelle en bois. Puis il donna l'écuelle au père Antoine, en lui disant : « *Père, vous cassez vos assiettes. En voici une que vous ne casserez pas.* »

Le père Antoine prit l'écuelle : elle ressemblait à celle

— J'ai mal agi, mon père, pardonnez-moi.

du chien de garde ; et le pauvre vieux soupirait en regardant tantôt l'écuelle et tantôt le fils qui la lui donnait.

Or le fils de Louis, le petit Jean, voyait comment son père traitait son grand papa.

Quelques jours après Louis s'aperçut que son garçon ayant demandé un morceau de bois chez le tourneur, s'amusait à le creuser avec son couteau. Il lui demanda : « *Que fais-tu donc là, mon Jean ?* » — « *Papa*, répondit le petit, *je fais une écuelle en bois, pour quand tu seras vieux comme le grand-père.* »

Louis fut tout saisi en entendant la leçon que lui donnait cet innocent. La honte le prit ; il pleura, et allant vers le coin où se retirait son vieux père, il lui dit : « *J'ai mal agi, mon père, me pardonnerez-vous ?* »

Le vieux père embrassa son fils avec des larmes de joie. Depuis ce temps, il a repris à table la place d'honneur à laquelle il avait droit, et l'écuelle de bois a été brisée et jetée au loin.

TROISIÈME RÉCIT

LE FILS EMPOISONNEUR

Le père Nouette était un vigneron de Jouarre, qui avait amassé un peu de bien à force de travail et de privations. Il était vieux, et songeait à se reposer. Son fils Simon lui dit : « Père, faites-moi donation de vos terres ; je les ferai valoir, pendant que vous vivrez tranquillement chez nous à ne rien faire. Je vous donnerai encore une petite pension pour que vous ayez de l'argent de poche. »

Le père Nouette le crut, et fit comme Simon voulait.

Simon avait une femme avare et mauvaise. Elle trouva bien vite que le père coûtait cher à nourrir ; elle se mit à lui reprocher ce qu'il mangeait, et à exciter son mari contre lui. Simon, qui était un homme faible et qui avait peu de cœur, finit par se mettre du côté de sa femme. Alors la maison fut un enfer pour le pauvre père Nouette : entre son fils et sa bru, c'était à qui l'insulterait. Ils le laissaient sans feu et sans couverture dans sa chambre au cœur de l'hiver ; ils lui refusaient le pain ; ils osèrent même le frapper plusieurs fois. Quant à la pension, il n'en fut bientôt plus question.

Le vieux ne se plaignait pas, de crainte de leur attirer des affaires avec la justice. Mais les voisins s'apercevaient bien de ce qui se passait. Au lieu de se taire comme font en pareil cas les gens sans conscience, ils se fâchèrent contre Simon, et à la fin, ils allèrent tout raconter à M. le maire.

Celui-ci fit venir devant lui les deux coupables, et les menaça du procureur. Ils eurent peur, et pendant quelque temps on put croire que la leçon leur avait profité. Le père Nouette n'était plus maltraité; il avait même des habits neufs. Mais cela ne dura pas : sans qu'on sût pourquoi, *le vieux redevint triste;* il maigrissait à vue d'œil; il ne disait toujours rien aux voisins, mais on vit qu'il refusait la soupe que lui faisait sa bru; et quand les voisins lui offraient, par politesse, de manger avec eux, il acceptait avec l'avidité d'un affamé.

QUATRIÈME RÉCIT

LE FILS EMPOISONNEUR (*Fin.*)

Les braves gens pensaient bien qu'il y avait là-dessous une nouvelle coquinerie de Simon et de sa femme. Ils les surveillèrent, et ils virent que la femme ramassait dans la campagne des lézards, des serpents, jusqu'à des rats, et qu'elle les mettait dans la soupe destinée au père Nouette. **Elle espérait ainsi l'empoisonner.**

Pour le coup, c'en était trop. M. le maire fit prévenir sans bruit le **procureur de la République.** Un beau soir, les gendarmes arrivèrent à l'heure du repas : on saisit l'écuelle du vieux, où l'on trouva encore toute sorte d'immondices que la bru y avait mises. Les deux misérables, femme et mari, furent arrêtés, et on les mena avec les menottes aux mains à la prison d'Auxerre.

Heureusement, les ordures qu'ils jetaient dans la soupe du père n'étaient pas ce que la loi appelle du poison. Ils étaient donc pour ainsi dire moins coupables qu'ils n'en

avaient eu l'intention. C'est grâce à cela qu'ils échappè-
rent aux *galères*.

Mais ils n'en furent pas moins punis : *la donation que
le père Nouette leur avait faite de ses biens fut* **révo-**

On les mena à la prison d'Auxerre.

qvée, *pour cause* **d'ingratitude** *de leur part.* Il
fallut tout rendre : rien ne pouvait les toucher plus au
cœur, car c'étaient deux fieffés avares; comme ils
n'avaient pas de terre ni d'argent à eux, et que personne
dans le pays ne voulait les voir, ils s'en allèrent comme
deux mendiants sur les grands chemins. On n'a plus
entendu parler d'eux.

RÉSUMÉ

1. L'enfant qui met son orgueil à ne pas obéir
   n'y trouvera pas son compte; tôt ou tard, il
   lui en cuira.
2. Le raisonneur qui veut des explications pour
   obéir ressemble à un malade qui discuterait

avec le médecin avant de prendre le remède qui peut le sauver. La promptitude est la moitié de l'obéissance.

3. L'enfant vaniteux qui se croit au-dessus de ses parents, parce qu'il a reçu plus d'instruction qu'eux, ne méritait pas ce bienfait.

4. Un enfant ne doit jamais juger personne.

5. L'enfant qui chagrine ses parents, qui ruine et détruit leur santé à force de leur rendre la vie triste, est véritablement l'auteur de leur mort : il mérite le nom de parricide.

6. Le Code civil français impose aux enfants des devoirs d'obéissance envers leurs parents.

7. Si les enfants n'étaient pas formés à l'obéissance dans leur famille, ils ne sauraient pas plus tard obéir aux lois, et il n'y aurait plus de société possible.

Dans les temps où les hommes étaient barbares, comme dans les pays où ils le sont encore, on a toujours été obligé de donner au père une autorité terrible pour qu'il pût soumettre et discipliner ses enfants.

8. Les enfants mineurs doivent le respect et l'obéissance à leurs parents. S'ils y manquent, ils peuvent être enfermés pour un mois ou pour six mois dans une maison correctionnelle.

9. Les enfants majeurs doivent respect et honneur à leurs parents.

10. Les fils jusqu'à vingt-cinq ans, les filles jusqu'à vingt et un ans, ne peuvent se marier sans le consentement de leurs parents.

11. Les enfants doivent à leurs parents âgés et

pauvres des secours qu'on nomme aliments.
12 La loi ne peut pas exiger d'eux davantage ;
mais, à moins d'encourir le mépris public,
ils doivent aimer toujours leurs parents et
adoucir leur vieillesse.

EXERCICES ORAUX OU ÉCRITS

1. Qu'arrivera-t-il à l'enfant qui désobéira par orgueil?
2. A qui ressemble l'enfant raisonneur? — Qu'est-ce que la promptitude dans l'obéissance?
3. Que faut-il penser de l'enfant qui se croit au-dessus de ses parents parce qu'il est plus instruit ?
4. Qu'est-ce qu'un enfant ne doit jamais faire?
5. Que fait à ses parents l'enfant qui les chagrine?
6. Qu'est-ce que le Code civil impose aux enfants?
7. Qu'arriverait-il si les enfants n'étaient pas formés à l'obéissance par leur famille ?
8. Que doivent à leurs parents les enfants mineurs? — A quelles peines s'exposent-ils en y manquant?
9. Que doivent à leurs parents les enfants majeurs?
10. Jusqu'à quel âge les enfants ne peuvent-ils se marier sans le consentement des parents?
11. Que doivent, d'après la loi, les enfants à leurs parents âgés et pauvres?
12. Que leur doivent-ils encore?

Devoirs de rédaction

1. Expliquez en quoi consiste l'ingratitude des enfants, et dites pourquoi elle est condamnable. — Montrez que les enfants ingrats risquent d'être punis un jour par leurs propres enfants. — Comment se fait-il que les enfants d'aujourd'hui sont souvent plus instruits que leurs parents?

2. Expliquez pourquoi les devoirs de l'enfant envers ses parents sont en tête du Code civil. — Exposez les devoirs légaux de l'enfant mineur. — Exposez les devoirs légaux de l'enfant majeur.

CHAPITRE IV

LES DEVOIRS DE L'ÉCOLIER

PREMIÈRE LEÇON

DEVOIRS ENVERS L'INSTITUTEUR

— Mes amis, aujourd'hui, c'est **M. l'inspecteur** qui va vous questionner sur l'instruction morale. Paul, c'est vous qui commencerez.

— Mon enfant, je vais vous interroger sur les devoirs des élèves envers leurs instituteurs. Je sais que votre maître ne vous a pas encore appris cela : il allait seulement y arriver aujourd'hui. Mais cela n'y fait rien. Avec un peu de réflexion, vous trouverez tout seul : ce n'est qu'une affaire de bon sens et de bon cœur.

Voyons, mon ami, quand vous entrez en classe, quelle est la première chose que vous faites?

— Monsieur, nous allons dire bonjour à M. l'instituteur, en le saluant.

— C'est très bien. Et pourquoi le saluez-vous?

— C'est mon père qui me l'a appris. Il me dit toujours **qu'il veut que je respecte M. l'instituteur** et que **je lui obéisse, comme si c'était lui-même.**

— Votre père a raison. Vos parents, mes enfants, savent que **l'instruction est indispensable.** Voilà pourquoi ils veulent vous en assurer le plus possible.

Seulement, ils ne pourraient pas vous la donner eux-mêmes. Voyons, ami Paul, que fait votre père?

— Il est maréchal ferrant, monsieur.

— Je suis sûr qu'il travaille beaucoup?

— Oh! oui, monsieur : le matin, il se lève à cinq heures,

même en hiver, quand il fait noir. Il reste le soir
jusqu'à la grand'nuit à battre le fer avec un gros mar-
teau, devant le feu de la forge.

— Eh bien! vous voyez qu'il ne pourrait pas vous
instruire lui-même : il n'en a pas le temps; il travaille
sans cesse pour vous nourrir, vous habiller, vous élever.

Et puis il y a encore une autre raison. Les bons
parents veulent toujours que leurs enfants deviennent
plus instruits qu'ils ne le sont eux-mêmes.

Ils aiment à voir leurs enfants aller en tout plus loin
qu'ils ne sont allés; et c'est ce qui fait le *progrès*.

Voilà pourquoi vos parents ont préféré vous confier
tous à un homme plus habile, ayant de l'expérience et
sachant la bonne manière d'enseigner les enfants. Nos
députés ont pour cela demandé au gouvernement d'envoyer dans toutes les communes des gens instruits et
dévoués à l'éducation de la jeunesse.

*Le maître d'école est donc le représentant des pères de
famille, sous l'autorisation du Gouvernement.*

DEUXIÈME LEÇON

L'INSTITUTEUR EST UN MAGISTRAT

Ce n'est pas tout encore.

L'instituteur est comme un **magistrat**, c'est-à-dire
un *représentant de l'État,* et c'est **la France** elle-
même qui l'a chargé de vous donner l'instruction. Savez-vous pourquoi? Je vais vous le dire.

Un homme sans instruction est souvent un **ouvrier
médiocre**, et par conséquent mal payé; il est exposé
à tomber dans la misère, et alors au lieu *d'aider ses semblables,* comme c'est le devoir de tout homme, *il est à
leur charge* et il vit de l'assistance publique.

Un homme sans instruction est forcément un **mau-**

vais citoyen : il ne peut pas juger les *affaires de la nation*, et cependant, **le jour des élections**, il vote et se mêle comme les autres de donner son avis et de choisir ceux qui gouverneront tout. C'est comme si le premier venu, sans avoir jamais touché la truelle ni le rabot, se mettait à donner des ordrés aux maçons et aux menuisiers.

Enfin un homme sans instruction ne fait pas un bon

Cependant le jour des élections il vote.

défenseur du pays. A la manière dont la guerre se fait aujourd'hui, pour être bon soldat il ne suffit plus d'être vaillant et vigoureux. Il faut encore connaître à fond le maniement de son arme, comprendre vite et bien les ordres des chefs, savoir au besoin inventer de petits stratagèmes afin de déjouer ceux des soldats ennemis à qui l'on a affaire. Bref, le soldat lui-même a besoin d'une certaine **science de la guerre**, proportionnée à son rôle.

Eh bien ! celui qui n'a jamais rien lu, rien appris, celui qui a laissé son esprit croupir dans l'ignorance,

n'arrivera que bien difficilement à acquérir cette science
et il restera un soldat de peu de ressource. Sans compter
que son courage lui-même et son **amour pour la patrie** seront bien plus exposés à faiblir dans les moments
de dangers, de privations et de revers : il ne sera pas
réconforté par la connaissance de toutes les belles et
grandes choses qu'on apprend dans les livres, et surtout dans **l'histoire de France.**

L'État ne veut donc pas d'ignorants ; aussi le **Gouvernement de la République** a décidé, le 28 mars
1882, que les parents seraient désormais obligés de
donner à leurs enfants l'instruction primaire, soit en les
envoyant à **l'école,** soit en les faisant instruire dans **la
famille :** il ne leur est donc plus permis de laisser vaga-
bonder leurs enfants, ni de les abandonner à l'ignorance,
pas plus qu'il ne leur est permis de les priver de nourriture et de vêtements. C'est ainsi qu'on **a établi** *l'instruction obligatoire* pour tous.

Votre instituteur, mes enfants, est choisi par l'État.
C'est comme si le gouvernement lui disait : « *Va ! je te
remets ces enfants. Ils devront t'obéir, te respecter et
t'écouter, parce que tu dévoues ta vie pour les sauver de
l'ignorance :* tu feras d'eux des enfants capables de servir leur famille, des hommes sachant aider leurs semblables, des **patriotes** aimant leur pays et prêts à le
défendre au jour du danger. Fais cela, et tu seras honoré
de tous. Car **c'est la France de l'avenir que tu
as dans les mains.** »

TROISIÈME LEÇON

L'ÉCOLE D'AUTREFOIS ET L'ÉCOLE D'AUJOURD'HUI

— Mes enfants, je n'ai plus rien à ajouter sur vos
devoirs d'écoliers. M. l'inspecteur vous a tout dit ; et
j'ai bien vu, à votre manière de prendre des notes, que
ses explications vous intéressaient.

D'ailleurs, **aujourd'hui,** tout le monde s'intéresse aux choses de l'instruction. Ce n'est pas comme **autrefois,** quand on disait *« qu'il ne fallait pas trop instruire le peuple, parce qu'alors il ne se laisserait plus mener »*. Et vous savez où on le menait. **A des guerres comme celle de 1870,** d'où nous sommes sortis après avoir perdu plus de **cent mille soldats,** sans parler des

On voyait passer la tête d'un bœuf ou d'un âne.

5 milliards qu'il a fallu payer, et des **Alsaciens-Lorrains** que les Allemands ont gardés sous leur coupe. Ah ! oui, ceux qui ont vu ces choses font bien d'aimer l'instruction, de vouloir qu'on instruise leurs enfants, pour qu'ils comprennent les affaires du pays et qu'ils ne se laissent plus tromper par des **gouvernements** comme celui **de Napoléon III.**

Mais ce qui me fait plus de plaisir encore, c'est que la jeunesse d'aujourd'hui est elle-même plus assidue à l'étude et plus attachée à l'école que celle du temps jadis.

Ce n'est pas pourtant que les enfants d'à présent

aient l'âge de raison en venant au monde: les enfants
seront toujours les enfants; ils aimeront toujours à rire
et à s'amuser. Et c'est tant mieux. D'où vient donc la
différence?

D'une chose bien simple ; ce ne sont pas les enfants
qui ont changé, mais *c'est l'école*. Celle d'aujourd'hui
ne ressemble pas plus à celle d'autrefois qu'une belle
maison ne ressemble à une étable.

Etable est bien le mot, car de mon temps seulement,
quand j'étais écolier comme vous, voilà bientôt trente
ans, il y avait encore quantité de communes où l'on n'aurait pas même fait le sacrifice d'une maison entière pour
y mettre l'école. On n'accordait à l'instituteur que la
moitié d'une pauvre masure, et l'autre moitié souvent
servait d'écurie. Aussi de temps en temps, comme la
cloison n'allait pas jusqu'en haut, on voyait passer la
tête d'un bœuf ou d'un âne, qui regardait cette assemblée d'enfants avec de gros yeux étonnés; et il était rare
que la leçon se terminât sans avoir été interrompue par
les braiements de l'un ou par les mugissements de
l'autre. Cela faisait de drôles d'élèves. Ajoutez que les
enfants avaient les pieds dans le fumier, en sorte qu'ils
avaient tout à fait l'air d'être traités comme des bestiaux.

QUATRIÈME LEÇON

LES MAITRES D'AUTREFOIS ET LES MAITRES D'AUJOURD'HUI

Quant au maître, il n'était guère mieux traité : ses
soins et son dévouement étaient si mal rétribués en argent, qu'il n'avait pas de quoi se nourrir. Et l'usage,
dans beaucoup de communes, voulait qu'il allât demander sa nourriture chez les gens du village, un jour chez
l'un, un jour chez l'autre. Ainsi cet homme, le plus
instruit et parfois le plus méritant de la commune, était
considéré à l'égal d'un mendiant. *Tellement les igno-*

rants, qui étaient alors les plus nombreux, comprenaient peu le prix du savoir. Et encore, bien heureuses les communes où il y avait une école; quoique laide et incommode, on s'y instruisait toujours un peu, et il s'y formait une génération d'hommes plus éclairés que leurs devanciers.

Mais beaucoup de pays n'avaient ni école, ni instituteur. En **1821**, il y avait plus de **11,000 communes** où les écoles manquaient tout à fait. Seulement, dans les foires de quelques cantons, on voyait se promener des hommes qui avaient une plume passée dans la ganse de leur chapeau et un encrier attaché devant leur habit : c'étaient des maîtres d'école. Ceux qui apprenaient à lire seulement n'avaient qu'une plume; ceux qui enseignaient aussi l'écriture en portaient deux; enfin, quelques-uns en mettaient trois : cela voulait dire qu'ils connaissaient le calcul. Ceux-là passaient pour des savants. Les gens louaient leurs services pour un mois, deux mois, plus ou moins, et les emmenaient avec eux. Jugez de ce que les enfants pouvaient apprendre pendant ces quelques semaines-là, et s'ils avaient tôt fait de l'oublier, quand le maître était allé porter ses plumes ailleurs !

Aujourd'hui toutes les communes de France ont au moins une école. Il reste bien encore quelques exceptions, d'ailleurs très rares, à peine **200** communes sur **36,000,** mais ces communes-là sont honteuses de se voir tant en retard, et bientôt elles auront rattrapé les autres.

Quant aux écoles, elles sont pour la plupart des bâtiments sains et convenables; beaucoup sont de belles maisons, et même des palais, superbes à voir et agréables à habiter, car il n'y manque ni air, ni lumière, ni propreté.

Les maîtres abondent et, sans les flatter, on peut dire qu'ils sont tous instruits ; ils ont travaillé pour cela des dix et douze ans, et ils ont obtenu ainsi des brevets qui prouvent leur capacité.

Voilà pour quelle raison les enfants d'aujourd'hui n'ont plus peur de l'école. Et vous l'aimeriez encore cent fois davantage si vous pouviez la comparer avec les écoles du temps jadis, où l'on s'asseyait dans le fumier et où l'on ne pouvait pas finir de réciter sa leçon sans avoir la parole coupée par l'âne ou la vache d'à côté.

PREMIER RÉCIT

LA DERNIÈRE LEÇON D FRANÇAIS. — RÉCIT D'UN PETIT
ALSACIEN

*Imité d'*ALPHONSE DAUDET.

Ce matin-là j'étais très en retard pour aller à l'école, et j'avais grand'peur d'être grondé, d'autant que M. Hamel nous avait dit qu'il nous interrogerait sur les participes, et je n'en savais pas le premier mot. Un moment l'idée me vint de manquer la classe et de prendre ma course à travers champs. Le temps était si chaud, si clair! Tout cela me tentait bien plus que la règle des participes; mais j'eus la force de résister, et je courus bien vite vers l'école. J'entrai tout essoufflé..

Vous pensez si j'étais rouge et si j'avais peur. Mais M. Hamel me regarda sans colère et me dit très doucement : « *Va vite à ta place, mon petit Frantz;... nous allions commencer sans toi.* » J'enjambai le banc, et je m'assis tout de suite à mon pupitre. Alors seulement, un peu remis de ma frayeur, je remarquai que notre maître avait sa belle redingote verte, son jabot plissé fin et la calotte de soie noire brodée qu'il ne mettait que les jours d'inspection ou de distribution de prix. Du reste, toute la classe avait quelque chose d'extraordinaire et de solennel. Mais ce qui me surprit le plus, ce fut de voir au fond de la salle, sur les bancs qui restaient vides d'habitude, des gens du village assis et silencieux comme nous, le vieux Hauser avec son tricorne, l'ancien maire, l'ancien facteur, et puis d'autres personnes encore. Tout ce monde-là paraissait triste ; Hauser avait apporté un vieil abécédaire mangé aux bords, qu'il tenait grand ouvert sur ses genoux, avec ses grosses lunettes posées en travers des pages.

Pendant que je m'étonnais de tout cela, M. Hamel était monté dans sa chaire, et de la même voix douce et grave dont il m'avait reçu, il nous dit : « *Mes enfants, c'est la dernière fois que je vous fais la classe. L'ordre est venu de Berlin de ne plus enseigner que l'**alle-mand** dans les écoles de l'Alsace et de la Lorraine... Le nouveau maître arrive demain. Aujourd'hui, c'est* **votre dernière leçon de français.** *Je vous prie d'être attentifs.* »

Ces quelques mots me bouleversèrent... **ma dernière leçon de français !**... Et moi qui savais à peine écrire ! Je n'apprendrais donc jamais. Il faudrait donc en rester là... Comme je m'en voulais maintenant du temps perdu, des classes manquées à courir les nids et à faire des glissades sur la *Saar*. Mes livres, que tout à l'heure encore je trouvais si ennuyeux, si lourds à porter, ma grammaire, mon histoire de France, me semblaient à présent de vieux amis, qui me feraient beaucoup de peine à quitter. C'est comme M. Hamel : l'idée qu'il allait partir, que je ne le verrais plus, me faisait oublier les punitions qu'il m'avait infligées.

Pauvre homme ! C'est en l'honneur de cette dernière classe qu'il avait mis ses beaux habits du dimanche, et maintenant je comprenais pourquoi ces vieux du village étaient venus s'asseoir au bout de la salle. Cela semblait dire qu'ils regrettaient de ne pas y être venus plus souvent, à cette école. C'était aussi comme une façon de remercier notre maître de ses quarante ans de bons services, **et de rendre leurs devoirs à la Patrie qui s'en allait... !**

DEUXIÈME RÉCIT

LA DERNIÈRE LEÇON DE FRANÇAIS. — RÉCIT D'UN PETIT ALSACIEN

(Fin)

J'en étais là de mes réflexions, quand j'entendis appeler mon nom; c'était mon tour de réciter. Que n'aurais-je pas donné pour pouvoir dire tout au long cette fameuse règle des participes, bien haut, bien clair, sans une

M. Hamel écrivit aussi gros qu'il put : Vive la France !

faute, mais je m'embrouillai aux premiers mots, et je restai debout à me balancer dans mon banc, le cœur gros, sans oser lever la tête. J'entendais M. Hamel qui me parlait : « *Je ne te gronderai pas, mon petit Frantz; tu dois être assez puni...* Voilà ce que c'est. Tous les jours on se dit : — Bah! j'ai bien le temps, j'apprendrai demain. — Et puis, tu vois ce qui arrive... Ah! ç'a été **le grand malheur de notre Alsace,** de toujours remettre son instruction à demain ; maintenant ces gens-là, **les Prussiens,** sont en droit de vous dire : — *Comment ! vous prétendez être Français, et vous ne savez ni parler ni écrire votre langue !...* Dans tout ça, mon pauvre Frantz, ce n'est pas encore toi le plus coupable. Nous avons tous notre bonne part de reproches à nous faire. Vos parents n'ont pas assez tenu à vous voir instruits ; ils aimaient mieux vous envoyer travailler à la terre ou aux filatures pour avoir quelques sous de plus. Moi-même, je n'ose pas dire que je n'aie rien à me reprocher. »

Alors, d'une chose à une autre, M. Hamel se mit à nous parler de la *langue française*, disant que c'était la plus belle langue du monde, la plus claire, la plus solide, qu'il **fallait** la garder entre nous et ne jamais l'oublier, parce que *quand un peuple tombe esclave, tant qu'il garde bien sa langue natale, c'est comme s'il tenait la clef de sa prison...* Puis il prit une grammaire et nous lut notre leçon ; j'étais étonné de voir comme je comprenais. Tout ce qu'il disait me semblait facile, facile. Je crois aussi que je n'avais jamais si bien écouté, et que lui non plus n'avait jamais mis autant de patience à ses explications. On aurait dit qu'avant de s'en aller, le pauvre cher homme voulait nous donner tout son savoir, nous le faire entrer dans la tête d'un seul coup. Car il devait partir le lendemain, quitter le pays pour toujours !

Tout de même il eut le courage de nous faire la classe jusqu'au bout. La leçon finie, on passa à l'écriture.

Pour ce jour-là, M. Hamel nous avait préparé des exemples tout neufs, sur lesquels était écrit en belle ronde : « *France, Alsace ! France, Alsace !* » Cela faisait comme des petits drapeaux qui flottaient tout autour de la classe, pendus à la tringle de nos pupitres. Il fallait voir comme chacun s'appliquait, et quel silence !

Après l'écriture, nous eûmes la leçon d'histoire ; ensuite les petits chantèrent tous ensemble le BA, BE, BI,

BO, BU. Là-bas, au fond de la salle, le vieux Hauser avait mis ses lunettes et tenait son abécédaire à deux mains ; il épelait les lettres avec eux. On voyait qu'il s'appliquait, lui aussi. Sa voix tremblait d'émotion, et c'était si drôle de l'entendre, que nous avions tous envie de rire et de pleurer. *Ah! je m'en souviendrai, de cette dernière classe...*

Tout à coup l'horloge de l'église sonna midi. Au même moment, les trompettes des Prussiens qui revenaient de l'exercice éclatèrent sous nos fenêtres... M. Hamel se leva, tout pâle, dans sa chaire. Jamais il ne m'avait paru si grand. — « *Mes amis*, dit-il, *je... je...* » Mais quelque chose l'étouffait ; il ne pouvait pas achever sa phrase.

Alors il se tourna vers le tableau, prit un morceau de craie, et, en appuyant de toutes ses forces, il écrivit aussi gros qu'il put : « *VIVE LA FRANCE!* » Puis il resta là, la tête appuyée au mur, et sans parler, avec sa main, il nous faisait signe : « *C'est fini... Allez-vous-en.* »

RÉSUMÉ

1. Le maître d'école est le représentant et le délégué des pères de famille.

   Il les supplée dans la tâche d'instruire leurs enfants, quand ils n'ont ni le loisir ni le savoir nécessaires pour s'en acquitter.

2. L'instituteur est aussi un magistrat de l'État : c'est la France elle-même qui le nomme pour combattre l'ignorance comme un mal public.

3. L'ignorant ne peut se suffire : il tombe à la charge d'autrui.

   L'ignorant est un citoyen incapable.

   L'ignorant ne fait pas un bon soldat.

4. Voilà pourquoi la loi a rendu l'instruction obli-

gatoire. Elle punit les parents qui en privent leurs enfants.

5. Le maître d'école prépare l'avenir de la France, en formant ses futurs citoyens.

6. Les plus grands malheurs de la France sont venus de ce que les citoyens n'étaient pas assez instruits : voilà comment des menteurs, tels que Napoléon III, ont pu la tromper sur ses intérêts et la lancer dans des guerres où elle a failli périr.

7. Il est bon que l'école soit agréable à voir, pour que les enfants s'y plaisent.

8. Les écoles autrefois étaient rares, souvent malsaines. Quelques-unes n'étaient que des étables. En 1821, 11,000 communes étaient sans écoles.

9. Les maîtres d'école n'étaient pas aussi honorés qu'ils le méritaient. Beaucoup de cantons n'avaient même que des maîtres ambulants.

10. Aujourd'hui, il y a des écoles dans toutes les communes de France, excepté 200 environ ; et les maîtres sont plus instruits qu'ils ne l'ont jamais été : tous doivent avoir des brevets de capacité.

1. Il faut remercier la République de tous ces progrès.

EXERCICES ORAUX OU ÉCRITS

1. De qui le maître d'école est-il le représentant ? — Pourquoi supplée-t-il les parents ?
2. Pourquoi l'instituteur est-il un magistrat ?
3. Quels sont les défauts de l'ignorant ?

4. Que fait la loi aux parents qui refusent l'instruction à leurs enfants?
5. Comment l'instituteur prépare-t-il l'avenir de la France?
6. D'où sont venus les grands malheurs de la France?
7. Pourquoi faut-il que l'école soit agréable à voir?
8. Comment étaient les écoles autrefois? — Combien y avait-il de communes sans écoles en 1821?
9. Quelle était la position des maîtres d'école dans ce temps-là?
10. Y a-t-il des écoles dans toutes les communes? — Les instituteurs ont-ils tous des brevets?
11. Qui faut-il remercier de tous ces progrès?

Devoirs de rédaction

1. Pourquoi la loi a-t-elle déclaré l'instruction obligatoire? — Montrez qu'on ne peut ni se suffire, ni bien voter, ni bien défendre sa patrie, si l'on est ignorant. — De qui l'instituteur tient-il son autorité?

2. Racontez la dernière leçon de français dans une école d'Alsace. — Expliquez comment était faite une école d'autrefois. — Exposez les améliorations qu'on a faites dans les écoles et pour les instituteurs.

3. Expliquez pourquoi le métier d'instituteur demande beaucoup de travail et mérite beaucoup de respect. — Expliquez ce que c'est que la docilité dans l'école.

CHAPITRE V

L'ENFANT JUSTE ET BON. — CAMARADES. — FRÈRES ET SŒURS. — PERSONNES D'AGE

PREMIÈRE LEÇON

FRÈRES ET SŒURS. — CAMARADES

— Voilà Antoine et Jacques qui arrivent bras dessus, bras dessous, comme d'habitude, en causant et en riant. Il paraît qu'ils ne peuvent pas se quitter.

— Monsieur, nous faisons comme tout le monde : il faut bien avoir des amis, sans cela on ne rirait jamais bien.

— Voilà qui est parfait, mon Jacques. On ne serait jamais content, si l'on n'avait pas d'amis. Ce que tu dis là, sais-tu qu'un grand philosophe grec l'avait déjà dit, 2,000 ans avant toi? Oui, c'est Aristote qui a dit ceci :

« Quel est l'insensé qui voudrait posséder tous les biens de la terre, si on les lui offrait à la condition de n'avoir jamais un ami pour assister à son bonheur et le partager? »

En effet, aucun homme de bon sens n'accepterait un pareil marché, et celui qui y aurait consenti ne tarderait pas à s'en repentir; l'ennui l'aurait bientôt consumé et il serait malheureux, comme Robinson dans son île déserte.

La plupart des enfants ont des compagnons tout trouvés, que la nature elle-même leur donne. Ce sont leurs **frères** et **sœurs**. L'école en offre d'autres à tous les enfants qui la fréquentent : c'est là en effet qu'on rencontre des **camarades.**

Les meilleurs des camarades sont toujours les frères et sœurs : ils sont nés des mêmes parents; ils ont été élevés ensemble et de la même façon; ils ont eu les mêmes jeux, les mêmes plaisirs et les mêmes peines. Cela suffit pour les unir d'amitié.

Ce sont des raisons toutes semblables qui font que d'ordinaire les camarades s'aiment entre eux : l'habitude de vivre ensemble, de jouer, d'étudier côte à côte, lie les enfants les uns aux autres.

Rien n'est plus utile pour former les caractères que de bonnes liaisons: on y apprend à se faire des concessions réciproques et à s'entr'aider. Ainsi, dans les jeux, il y a des règles qui sont les mêmes pour tous: on s'accoutume à s'y plier. Hier, en jouant aux barres, je vous voyais quand Louis n'a pas voulu se reconnaître prisonnier : vous vous êtes réunis, vous lui avez fait voir qu'il avait tort, et, comme il s'est obstiné, il a fallu qu'il quittât le jeu. Allons, Louis, il n'y a pas de quoi avoir honte, mon enfant. Vous êtes venu ensuite avouer votre tort, vous avez repris votre place dans le jeu : et tout cela prouve que, si vous êtes vif, vous finissez cependant par vous rendre à la justice.

Ces petits accidents-là vous instruisent. C'est déjà un apprentissage de la vie en société, telle qu'il faudra la pratiquer plus tard.

Toutefois, il faut encore que vos amitiés soient bien choisies : il ne faudrait pas faire comme Jean Falot. Vous le connaissez, vous, Jacques ?

— Oui, monsieur, c'est lui qui se sauvait à tout moment à la ville ; il disait qu'il s'amusait dans les rues avec les gamins de là-bas.

— Oui, et puis un jour on est venu nous raconter qu'il s'était fait prendre avec une bande de filous qui volaient aux étalages des boutiques. On l'a *jugé* et mis dans une **maison de correction**. En voilà un que les mauvaises compagnies ont perdu.

Voulez-vous un bon moyen de reconnaître les gens de mauvaise compagnie : la plupart du temps, ils profitent d'un moment où ils sont seuls avec vous pour vous demander ou pour vous conseiller des choses qu'ils n'oseraient ni vous demander ni vous conseiller en face de vos parents ou de votre maître. Quand un camarade vous parle ainsi, répondez-lui : « Je veux bien, si mon père ou si mon maître y consent. Allons-y de ce pas, veux-tu ? » S'il refuse, soyez sûrs que la chose n'était pas honnête, et que la compagnie d'un pareil enfant n'est point ce qu'il vous faut.

DEUXIÈME LEÇON

DEVOIRS ENVERS LES CAMARADES (*Suite*)

Ce n'est pas tout de choisir des camarades, il faut encore savoir les garder, s'accorder avec eux. Pour cela, il faut être **justes** et **bons** à leur égard.

La *justice* passe la première, parce qu'avant tout,
il ne faut faire tort à personne. Les enfants
sont trop portés parfois à ne songer qu'à eux-mêmes;
alors ils sont **égoïstes,** ils veulent gouverner les jeux
à leur fantaisie, ou se faire servir par les autres, ou
même prendre pour eux ce qui appartient à leurs
camarades.

Quelques-uns sont pires encore : ils ne peuvent souffrir
que les autres soient contents; tout ce qu'on donne à

Jaloux et égoïstes sont délaissés de leurs camarades.

leurs camarades, que ce soient des caresses ou n'importe
quoi, leur fait de la peine : *on dirait que le monde entier
leur revient de droit,* et que tout ce qui arrive de bon
aux autres leur est volé. Ceux-là sont des **jaloux.**

Jaloux et égoïstes sont également vite délaissés de
leurs camarades : comme ils se doutent bien eux-mêmes
de leur méchanceté, ils n'ont pas **la conscience tran-
quille,** et le plus souvent ils sont de mauvaise humeur.
Aussi on s'aperçoit bientôt que leur société rapporte peu
d'agréments et beaucoup d'ennuis, et *on les laisse pour*

ce qu'ils valent. Alors ils finissent par reconnaître qu'ils ont encore plus besoin des autres que les autres n'ont besoin d'eux.

Pour échapper à ces défauts, vous devez d'abord vous dire sérieusement *qu'un enfant en vaut un autre.* En effet, tous, vous êtes de *petites* **personnes**, et ces petites personnes une fois *grandes* seront **égales devant la loi** et devant tout le monde.

Entre vous, il n'y a point de différences, excepté celles du **savoir** et du **mérite**; et celles-là, c'est seulement à vos supérieurs, parents et maîtres, qu'il appartient d'en juger. Ce n'est pas à vous de dire : « Je suis plus avancé ou je suis plus sage que mes camarades. » Ce sont là des propos de vantard. Les enfants raisonnables savent bien qu'à leur âge on n'est encore bien avancé en rien : on ne fait que de commencer, et ce n'est pas le moment de se glorifier.

Les enfants doivent donc se traiter mutuellement avec *respect;* et ils doivent laisser à chacun ce qui lui appartient, se contenter de leur lot et ne pas convoiter celui du voisin. Voilà pour leur âge les **règles de la justice.**

Maintenant, avec tout cela, comme vous n'êtes pas encore parfaits, il peut bien vous arriver quelquefois de **manquer à la justice.** Le mal n'est pas impardonnable, si vous vous dépêchez de le *réparer.* Quand vous avez fait tort à un camarade, rappelez-vous ce proverbe : « *Ne laisse pas le soleil se coucher avant de t'être réconcilié avec celui que tu as blessé.* » Il n'y a pas de honte à reconnaître qu'on a mal fait, et à le dire : au contraire cela prouve qu'on n'y avait point mis de méchanceté.

Quand vous croyez qu'on vous a fait tort, songez que vous pourriez bien vous tromper, et que vous n'êtes pas sûr de n'être pas vous-même fautif. Si ce n'est pas cette fois-là, c'est peut-être une autre fois. Si ce n'est pas envers ce camarade, c'est envers quelque autre. Alors avant de vous fâcher, faites seulement cette réflexion :

« Quand il m'est arrivé de faire tort à quelqu'un, j'aurais été bien heureux si ce quelqu'un était venu à moi, en me tendant la main et en me disant : Soyons amis, que tout soit oublié ! Eh bien, je vais faire pour celui-ci, qui m'a fait du mal, ce que j'aurais voulu que l'autre fît pour moi. »

Ne pas faire à autrui ce que vous ne voudriez pas qu'on vous fît : **toute la justice est là.**

Faire à autrui ce que vous voudriez qu'on fît pour vous, **c'est là la charité.** Il est encore plus beau d'être charitable que d'être seulement juste. Mais il faut être juste d'abord.

TROISIÈME LEÇON

AINÉS ET CADETS : L'ÉGALITÉ

Aînés et cadets, *les enfants sont tous égaux dans la famille.*

Il n'en a pas toujours été ainsi. Avant la grande Révolution française de 1789, le premier-né mâle comptait pour ainsi dire tout seul : l'héritage était presque tout pour lui; *les filles et les cadets* n'en obtenaient qu'une parcelle insignifiante. Et même, dans les familles nobles, l'aîné seul portait le titre de son père.

Plus d'une fois on vit le cadet mendier l'hospitalité à la porte du château de son frère, et crier misère au seuil de la maison où il était né. C'était ce qu'on appelait **le droit d'aînesse.** Quant aux sœurs, aînées ou cadettes, elles n'héritaient pas du tout dans les familles nobles; et dans les autres, elles n'avaient qu'une petite part. Aussi, bien souvent, elles étaient forcées *d'entrer au couvent.*

L'aîné se regardait comme d'une espèce supérieure à ses frères et sœurs : il les dédaignait.

Eux, de leur côté, se demandaient ce que leur aîné avait fait pour mériter tant de privilèges, et ils se disaient :

« *Il n'a eu que la peine de venir au monde le premier.* »
Ils trouvaient alors la prospérité de cet aîné injuste et
maudissaient leur propre condition.

En France la **Révolution** a aboli cette iniquité, avec
beaucoup d'autres. Les enfants d'une même famille ont
droit égal à l'héritage de leurs parents, et droit
égal à porter leur nom.

La **loi** permet seulement au père de prélever *un quart
de ses biens* pour avantager l'un de ses enfants ; ce qui
est un moyen de récompenser les enfants dévoués. Rien
de plus juste.

Ainsi, voilà Pierre et Louis Guillot. Ils n'ont pas le
même âge. Quel âge avez-vous, Pierre ?

— Onze ans et demi, monsieur.

— Et votre frère seize ans ; il travaille depuis deux
ans déjà chez M. Franche, le menuisier. Le voilà qui
vient de passer ouvrier, et même il gagne sa nourriture et un peu d'argent. Il ne coûte plus rien à votre
père, au contraire, il aide le ménage, c'est un garçon
courageux et un bon fils. Il a donc plus de mérite
que vous, mon Pierre, qui ne pouvez encore rien faire,
excepté à l'école.

— C'est vrai, monsieur, mais quand j'aurai mon **certificat d'études,** je ferai comme lui.

— Bien dit, mon enfant, vous ressemblerez à votre
aîné ! Mais, malgré cela, il aura toujours commencé
quatre ans au moins avant vous ; cela lui fait une avance et
vous ne le rattraperez pas, il aura toujours plus d'années
de travail et par conséquent plus de mérite. Eh bien !
quand il faudra partager les champs de votre père,
croyez-vous que Louis aura une plus grosse part ?

Pas du tout. Il n'aura que sa moitié, comme vous. Et
je le connais, si on lui offrait davantage, il n'en voudrait pas. Il dirait : « **Nous sommes frères, nous
sommes égaux.** » Et c'est la vérité.

QUATRIÈME LEÇON

L'OBÉISSANCE AUX AINÉS

— Mais, monsieur, l'autre jour, mon père me disait que mon frère était l'aîné, et qu'il fallait lui obéir. Comment cela se fait-il, si nous sommes égaux?

— Mon enfant, vous êtes **égaux devant la loi,** et vous serez égaux pour le **partage.** Mais cela n'empêche pas les différences d'âge et de raison. Et vous savez bien que si vous n'aviez pas votre aîné pour vous conseiller ou pour vous défendre à l'occasion, vous seriez embarrassé plus d'une fois.

Et puis, ce n'est pas tout : dans une famille, si le père ou la mère vient à manquer, qui aidera le survivant à élever la petite famille? Le frère aîné, ou la sœur aînée.

Et si père et mère s'en allaient, qui pourrait les remplacer? Le grand frère, la grande sœur, pourvu toutefois qu'ils aient assez d'âge et de force.

Ce sont là des malheurs exceptionnels. Mais ce n'est pas seulement dans ces terribles cas que les aînés sont des **suppléants** *tout désignés pour leurs parents :* tous les jours ils peuvent les aider, les décharger d'une partie des soins de la maison, **veiller** sur les plus jeunes, leur **donner l'exemple** de l'obéissance, du travail et du respect pour les parents.

En revanche, puisque les aînés se rapprochent des parents par leurs fonctions, il est juste que les cadets les aiment un peu à la façon dont on aime ses parents, et qu'ils écoutent leurs avis.

Il est beau de voir une famille où tous, grands et petits, s'entendent pour rendre la vie plus douce aux parents, par leur obéissance, par l'application de chacun à son devoir, et surtout par leur bonne entente : car rien ne réjouit plus le cœur d'un père et d'une mère que de voir leurs enfants vivre en bon accord : *ils trouvent là comme une promesse que leur famille sera toujours forte et heureuse.*

CINQUIÈME LEÇON

DEVOIRS ENVERS LES VIEILLARDS

— Mes enfants, je viens de vous voir saluer le vieux M. Franche : c'est très bien. **Nous devons le respect aux anciens.** Je vois que vous ne l'oubliez pas.

D'ailleurs il n'y a rien de plus naturel que ce mouvement de respect à la vue d'un vieillard : c'est là un sentiment juste. Il faut même étendre ce respect à **toutes les personnes d'âge.**

Il faut d'abord **honorer les vieillards.** Ils sont les **égaux de vos parents.**

Il faut aussi les **écouter.** Ils ont beaucoup de choses à vous apprendre : ils ont l'**expérience de la vie.** C'est là la chose la plus nécessaire pour se bien conduire : sans l'expérience des autres, chacun de vous aurait tout à apprendre par lui-même; ce serait comme s'il était le premier homme et seul sur la terre. Or l'expérience n'appartient qu'aux vieillards : écoutez-les donc avec **déférence** et avec reconnaissance.

Il faut être **complaisant pour les vieillards.** Ils ont à porter le fardeau de l'âge et ses ennuis : il faut les en soulager en leur offrant vos petits services.

On reconnaît les enfants qui ont mauvais cœur à la facilité qu'ils ont de rire des vieillards, de leurs infirmités, de leurs manies. *Ces manies qui semblent ridicules, sont plutôt à plaindre et à respecter,* car elles sont encore des infirmités. Que diriez-vous d'un fils qui rirait des mains de son père, parce qu'elles sont devenues calleuses et tremblantes à force de labeur? Vous diriez que c'est un méchant cœur. Eh bien! les manies des vieillards

sont comme les rides sur des mains qui ont trop travaillé :
songez qu'elles sont les marques du temps et des peines
de la vie, et vous n'aurez plus envie de vous en moquer.

PREMIER RÉCIT

LA JEUNESSE DE SEDAINE

En 1732, dans une ville du Midi, mourut un entrepre-
neur de bâtiments du nom de **Sedaine** : il laissait une
veuve et deux orphelins, sans ressources. L'aîné étudiait
au collège. Comme il était parmi les meilleurs élèves, le
principal le fit appeler, et lui offrit de le garder gratui-
tement.

— Et que deviendraient ma mère et mon frère? lui
dit le jeune Sedaine.

*L'enfant qui faisait cette courageuse réponse avait
treize ans.* Le lendemain, il était apprenti maçon. Il se
montra aussi adroit à porter le mortier qu'il avait été
intelligent en classe, aussi prompt à servir les ouvriers
qu'il avait été docile avec ses professeurs. Il sut gagner
d'assez bonnes journées pour faire vivre son frère et sa
mère.

En même temps, Sedaine ne renonçait point à ses
études : chaque soir, après son rude travail, il se mettait à ses livres; ses camarades, qui le regrettaient, lui
apportaient l'indication des devoirs; les maîtres lui en
corrigeaient quelques-uns par écrit, et ainsi le jeune maçon suivait la classe de loin, sans y aller.

C'était une tâche difficile que de faire des études com-
plètes dans de semblables conditions : Sedaine y parvint.

Toujours poussé par le besoin d'apprendre, Sedaine
résolut plus tard d'aller à Paris poursuivre ses études.
Mais il ne voulut pas se séparer de son frère : il le mit
dans la voiture publique; et comme il n'avait pas de
quoi payer deux places, lui-même suivit à pied. Heureusement les voitures d'alors ne marchaient guère vite !

A Paris, Sedaine apprit l'architecture et cultiva la poésie pour laquelle il se sentait un goût irrésistible. A travers tant d'occupations, c'était toujours lui qui soutenait son frère, et sa mère vivait à l'aise d'une pension qu'il lui servait très régulièrement.

Cette vie laborieuse et même pénible n'étouffa point le génie de Sedaine, car il devint également célèbre dans les deux arts qu'il avait adoptés, l'un par nécessité, et l'autre par penchant naturel : il fut **membre de l'Académie d'architecture** et de **l'Académie française**. Dans ses œuvres littéraires, dont la plus connue est le *Philosophe sans le savoir*, on admire surtout un bon sens parfait, une gaîté enjouée et comme le parfum d'une âme honnête et bonne.

DEUXIÈME RÉCIT

LES VIEILLARDS A SPARTE

Dans la ville de Sparte, qui fut une des plus puissantes et des mieux réglées de toute la Grèce ancienne, la loi entourait les vieillards de grands honneurs. Quand un vieillard entrait dans une assemblée, tous les jeunes gens devaient se lever, et ils ne pouvaient se rasseoir en sa présence, à moins qu'ils ne leur en fît commandement.

En France, de nos jours, ce n'est pas la loi qui ordonne aux jeunes gens de se lever devant les vieillards et de les honorer, c'est le bon usage qui le veut. Et on n'y peut manquer sans passer pour mal élevé.

RÉSUMÉ

1. La solitude rend l'homme misérable. Le pire malheur est de n'avoir pas d'amis.
2. Nos frères et nos sœurs sont des amis que la naissance nous a donnés.
3. Apprenons à vivre d'accord avec nos camarades,

si nous voulons savoir vivre plus tard avec les hommes.

4. Un mauvais camarade est celui qui nous demande ou qui nous conseille ce qu'il n'oserait pas nous demander ou nous conseiller en face de nos maîtres et de nos parents.

5. Les aînés et les cadets sont égaux, depuis que la Révolution a aboli le droit d'aînesse. Autrefois, le fils aîné héritait seul des biens et des titres de ses parents.

Par suite, les aînés méprisaient leurs cadets, et les cadets étaient jaloux de leurs aînés.

6. Aujourd'hui, les biens des parents sont partagés par portions égales entre les enfants.

7. Seulement, le père peut réserver, s'il le veut, un quart de ses biens pour avantager celui de ses enfants qui s'est montré le meilleur avec lui.

8. Les aînés sont plus expérimentés que les cadets : ils peuvent leur apprendre beaucoup.

9. Les aînés doivent être prêts à remplacer leurs parents, si par malheur ils mouraient. Ils doivent les aider en dirigeant leurs frères et sœurs.

10. Les cadets doivent avoir pour leurs aînés du respect et de l'amitié.

11. L'union des frères et des sœurs fait le bonheur des parents.

12. Pour garder ses amis, il faut être juste et bon avec eux.

13. Pour être juste, il ne faut être ni égoïste ni

jaloux ; il faut respecter les autres personnes, et respecter aussi ce qui leur appartient.

14. L'égoïste et le jaloux sont abandonnés de leurs camarades : on les laisse de côté, et ils sont malheureux.

15. Il faut savoir reconnaître ses torts : après une dispute, le plus raisonnable est celui qui revient le premier.

16. Pour être bon, il faut faire plaisir à ses camarades dans toutes les choses honnêtes. Il faut aussi se réconcilier avec eux et oublier les torts qu'ils ont pu avoir, quand on croit qu'ils en ont.

17. Ne faites pas aux autres ce que vous ne voudriez pas qu'on vous fît. Faites pour les autres ce que vous voudriez qu'on fît pour vous.

Tous les devoirs de justice et de bonté sont dans ces deux maximes.

18. Il est juste de respecter les vieillards et toutes les personnes d'âge.

19. Il faut d'abord les honorer comme étant les égaux de vos parents.

20. Il faut aussi les écouter, parce qu'ils ont de l'expérience, et c'est auprès d'eux seulement que vous pouvez en acquérir un peu.

21. Il faut être complaisant pour eux, afin de leur adoucir le poids de la vieillesse.

22. Les défauts des vieillards sont un effet de l'âge et des peines de la vie : le respect nous commande de fermer les yeux dessus.

EXERCICES ORAUX OU ÉCRITS

1. Quel est le pire des malheurs?
2. Quels sont les amis que la naissance nous a donnés?
3. Pourquoi devons-nous apprendre à vivre d'accord avec nos camarades?
4. A quoi reconnaissez-vous un mauvais camarade?
5. Depuis quand les aînés et les cadets sont-ils égaux? — Qu'était-ce que le droit d'aînesse?
6. Comment se partagent aujourd'hui les biens des parents?
7. Le père peut-il avantager l'un de ses enfants?
8. En quoi les aînés sont-ils au-dessus des cadets?
9. Que doivent faire les aînés ?
10. Quels sont les devoirs des cadets?
11. Qu'est-ce qui fait le bonheur des parents?
12. Que faut-il être avec ses amis pour les garder?
13. Quels défauts doit-on éviter pour être juste?
14. Qu'arrive-t-il à l'égoïste et au jaloux?
15. A quoi reconnaît-on, après une dispute, le plus raisonnable?
16. Que faut-il faire pour être bon?
17. Quelles sont les deux maximes qui résument tous les devoirs de justice et de bonté?
18. Devons-nous respecter les vieillards?
19. Pourquoi faut-il honorer les personnes âgées ?
20. Pourquoi faut-il les écouter?
21. Pourquoi faut-il être complaisant pour les vieillards?
22. Pourquoi faut-il fermer les yeux sur les défauts des vieillards?

Devoirs de rédaction

1. Montrez l'utilité que peuvent avoir pour un enfant les bons camarades? — Expliquez les dangers des mauvaises compagnies et dites à quoi on les reconnaît.

2. Qu'est-ce que la justice et la bonté entre camarades? — Expliquez ce que c'est que la jalousie et l'égoïsme; montrez-en les conséquences pour un enfant.

3. Expliquez ce qu'était le droit d'aînesse, combien il était injuste, comment il mettait la désunion dans les familles, et dites comment il a été remplacé. — Quels sont les devoirs des aînés; comment peuvent-ils aider leurs parents vivants, les remplacer en cas d'infirmités ou de décès? — Quels sont les devoirs des cadets?

4. Examinez les devoirs des enfants envers les personnes d'âge. — Montrez qu'un enfant doit honorer, écouter les vieillards, et leur être complaisant. — Quels étaient les usages à Sparte en présence des vieillards, et qu'en pensez-vous?

CHAPITRE VI

LE RESPECT DE SOI-MÊME

PREMIÈRE LEÇON

L'HYGIÈNE ET LA GYMNASTIQUE

— Le premier droit d'une personne, c'est d'être respectée. Vous êtes de petites personnes en train de devenir grandes : il faut donc que vous vous prépariez à mériter le respect.

C'est par la **dignité** *qu'on mérite le* **respect.**

La dignité se montre d'abord dans la **tenue extérieure.** Mais elle consiste surtout dans des **sentiments honnêtes et droits,** que nous devons porter au dedans de nous-mêmes.

La *dignité extérieure* consiste dans le **soin de notre corps** et dans de **bonnes manières.**

Votre dignité est intéressée à ce que votre corps soit bien soigné, c'est-à-dire à ce qu'il soit maintenu en état de **santé** et **propreté.**

Celui qui n'a pas de santé a de la peine à se suffire et à rendre service aux autres : il est à charge à la société ; et quand il y a de sa faute, quand il est avéré que son mauvais état de santé vient de son inconduite, alors chacun serait en droit de le lui reprocher.

Quant à celui qui se laisse gagner par la **malpropreté,** *il est un objet de dégoût* pour toutes les personnes bien élevées ; et ce dégoût-là amène bien vite une espèce de *mépris :* les sauvages se distinguent par leur malpropreté ; et le savant Bastiat[1] a dit : « *Voulez-vous*

1. Bastiat (Frédéric), économiste français, né à Bayonne en 1801, mort en 1850.

connaître le degré de civilisation où est parvenu un peuple? Informez-vous de la quantité de savon qu'il dépense. »

Il y a une science qui nous enseigne le moyen d'entretenir la santé dans notre corps, et de la raffermir quand elle faiblit. Cette science, c'est **l'hygiène**.

Elle nous recommande surtout trois choses : **l'air, l'eau** et **l'exercice**.

L'air est si nécessaire à la santé, que les **villes** où les maisons sont trop resserrées sont le plus souvent malsaines et habitées par une population chétive. Au contraire, dans les villes où une administration sage a su percer des rues larges, et ménager des jardins publics, la santé de tout le monde est devenue meilleure, et la vie de l'homme est plus longue.

Cela se comprend aisément : *l'air qui sort de nos poumons après avoir été respiré n'est plus ni pur ni sain;* il contient même un gaz qui est un poison. Un homme de force moyenne respire environ 2 mètres cubes d'air par heure; s'il reste enfermé dix heures de suite, la nuit, par exemple, dans une chambre contenant 20 mètres cubes d'air, au bout de ce temps, il aura respiré tout l'air pur; et si on le laisse enfermé davantage, il ne respirera plus que de l'air gâté et dangereux. La même chose arrivera encore si l'on enferme plusieurs personnes dans une chambre trop petite : elles auront tôt fait de *corrompre l'air*, et, sans s'en apercevoir beaucoup, elles respireront un **poison lent**.

Les gens de la **campagne** ne sont pas exposés à cet inconvénient, du moins dans les champs. Mais chez eux, trop souvent, ils s'entassent en grand nombre pour la nuit dans des *chambres étroites*, qui n'ont d'air que par une ou deux fenêtres toutes petites. On croirait, à voir comme ils se calfeutrent, que l'air est l'ennemi de l'homme.

L'eau n'est pas moins indispensable à la santé. Si vous regardiez votre peau à la loupe, vous la verriez percée de mille petits trous, ou **pores,** par où sortent sans cesse la **transpiration** et aussi d'autres matières impures, qui ne pourraient pas sans inconvénient rester dans le corps. Si vous ne tenez pas votre peau nette et propre, *la crasse couvrira ces trous* et empêchera ces impuretés de sortir.

Quant à **l'exercice,** sans lui le corps ne prospère pas. Si les gens qui vivent aux champs ont souvent plus de

L'exercice militaire à l'école (d'après le tableau de Ed. Frère).

santé et plus de force que ceux de la ville, c'est qu'ils vont et viennent, qu'ils travaillent de tous leurs membres, au lieu de rester immobiles devant un métier ou un bureau.

Mais l'exercice n'est jamais plus salutaire que lorsqu'il est *réglé*: il s'appelle alors *gymnastique.*

La gymnastique ne consiste pas à faire des tours de force : elle a pour objet de développer tous les muscles du corps, ceux des jambes, comme ceux des bras et de la poitrine. Cela rend l'homme bien portant et agile pour tous les mouvements.

Il n'y a pas de bons soldats sans gymnastique : un soldat qui ne saurait ni *marcher* du matin au soir avec les épaules chargées, ni *sauter* un fossé, ni *escalader* lestement un mur, ni fournir une *course* rapide sans s'essouffler, serait un embarras et non pas un secours dans une armée. Vous tous, enfants, vous serez soldats à votre tour : préparez-vous en devenant lestes, forts et bons marcheurs. Plus tard, vous n'en auriez ni le temps ni le goût.

Je ne vous en dirai pas davantage là-dessus, vous êtes déjà de *petits soldats*, puisque vous avez vos fusils, et que vous faites l'exercice trois fois par semaine comme de vrais troupiers. Continuez seulement, et à la revue cantonale, vous saurez tenir votre rang avec honneur dans le *bataillon des écoles*, en attendant que plus tard vous le teniez aussi au régiment, sous les **drapeaux de la France.**

DEUXIÈME LEÇON

LA TEMPÉRANCE

— Je vous ai dit hier *ce que l'hygiène recommande*. Je veux vous dire aujourd'hui *ce qu'elle défend*.

L'hygiène défend plusieurs choses : **l'abus des boissons, l'abus du tabac,** les **excès** de table et autres. Le vin et même les boissons alcooliques, prises à doses modérées, sont un **stimulant** utile pour l'homme qui travaille péniblement. Dès qu'on en abuse, elles **troublent la raison.**

De plus, comme les mauvaises habitudes viennent vite, il ne faut pas longtemps pour faire un **ivrogne,** c'est-à-dire un malheureux qui n'est plus son maître, affaibli de corps et d'esprit, exposé à des accès de **folie,** dangereux à lui-même et aux autres, et souvent destiné à finir par une hideuse maladie, le **delirium tremens :** ceux qui en sont atteints ont un délire affreux, pendant lequel il leur passe devant les yeux des visions épouvantables ; tout leur corps tremble et devient gâté à l'intérieur; à la fin, comme ils sont imbibés d'alcool, il arrive parfois qu'ils prennent feu, par exemple en fumant leur pipe. Alors tout leur corps brûle en quelques heures : ce sont des souffrances atroces. On appelle cela la *combustion spontanée*.

Le **tabac** contient un poison dangereux, la *nicotine*.

Dès qu'on abuse des boissons alcooliques, elles troublent la raison.

Quelques gouttes de nicotine dans un verre d'eau suffisent à tuer un homme. Les fumeurs, même les grands fumeurs, n'en absorbent que très peu en une fois; mais ce qu'ils avalent suffit à *affaiblir leur cerveau* et surtout leur *mémoire*.

Les **excès de table** sont parmi les plus dégradants : ils font ressembler l'homme au plus bas des animaux. De plus, ils alourdissent ses membres, ils fatiguent son estomac, et le disposent à des maladies fort douloureuses, telles que la **goutte**.

Tout excès est indigne de l'homme : l'homme doit enir par-dessus tout à sa qualité d'être raisonnable;

et la raison, c'est la faculté de se gouverner et de se modérer.

TROISIÈME LEÇON

LA POLITESSE

Pour mériter le respect, il faut encore une chose, dont il me reste à vous parler. Il faut être **poli**, avoir de **bonnes manières.**

Les bonnes manières sont la première marque à laquelle se reconnaît un enfant bien élevé, c'est-à-dire élevé dans le respect des autres et de lui-même. On les apprend par l'**usage,** dans la fréquentation des bonnes compagnies.

Mais il faut bien remarquer que les bonnes manières ne se bornent pas à savoir saluer les gens, ni à les aborder, les entretenir et les quitter avec les paroles et l'attitude convenables. Ce sont là les *dehors de la politesse :* il faut que nos sentiments répondent à ces apparences. Quand on fait des politesses aux gens, on prend un air bienveillant et respectueux envers eux; eh bien! *il faut être vraiment tel que l'on paraît, sans quoi la politesse ne serait qu'un masque.*

Quelques-uns s'imaginent que la politesse et les bonnes manières ne sont nécessaires qu'en présence des étrangers, et qu'avec les parents et les camarades on peut s'en passer.

C'est là une erreur grossière. La *familiarité* ne consiste pas du tout à être impoli ou brutal : elle consiste à montrer plus d'amitié aux gens et à les questionner plus volontiers sur leurs affaires intimes. Mais il ne faut pas que le respect en souffre. Parce que l'on connaît assez les gens pour se plaire en leur compagnie, est-ce une raison pour les respecter moins qu'on ne respecterait le premier venu?

Un *enfant de France* doit veiller plus qu'un autre

enfant à être poli et à avoir de bonnes façons, parce que **la nation française a toujours passé pour la plus affable et la plus polie du monde** : il faut soutenir notre bonne réputation.

QUATRIEME LEÇON

LA FRANCHISE

La première qualité d'un enfant qui veut *n'avoir jamais honte de lui-même*, c'est la **franchise.** Celui qui ment ne peut jamais *tenir la tête droite* ni *regarder en face* comme un autre.

Quelques-uns mentent par *vanité* pour se faire valoir en racontant de belles choses *qu'ils n'ont pas faites*. Ils se disent : « Qu'importe ! je ne fais de tort à personne. » Ils s'en font beaucoup à eux-mêmes : car on finit par les connaître pour ce qu'ils sont; on ne les croit plus et ils apprennent alors à leurs dépens combien il est honteux d'être écouté avec défiance, et de lire dans les yeux de ceux à qui l'on parle cette réponse : « **Menteur !** »

D'autres mentent pour déguiser leur faute et éviter la punition. Ceux-là commettent une *lâcheté*. Un brave enfant est celui qui déclare tout franc ce qu'il a pu faire de mal. Celui-là, on l'estime quand même, et on a de l'indulgence pour lui : *Péché avoué est à moitié pardonné*.

En effet, avouer sa faute, c'est déjà se punir soi-même.

Franc et *Français* ne sont qu'un seul et même mot.

Le menteur, une fois qu'on le connaît, est comme un sourd-muet; tout ce qu'il peut dire ne sert de rien : on ne l'écoute pas.

PREMIER RÉCIT

SAUVÉ PAR LA GYMNASTIQUE

Récit d'un soldat

Nous étions assis autour du feu de bivouac, tous les soldats de l'escouade mêlés, les réservistes avec les autres ; la soupe du soir mangée, on attendait que le sommeil vînt nous prendre ; les conversations et les plaisanteries commençaient déjà à s'éteindre :

— Sergent, dit tout à coup le caporal Blanc s'adressant à notre **chef de section,** vous avez l'air fâché. Seriez-vous mécontent de nous, sergent ?

Chacun, en entendant cette question, releva la tête, et se mit à regarder avec un peu d'inquiétude le vieux sergent Fauverge : car tous ses hommes l'aimaient et le craignaient, et nous ne redoutions rien tant qu'un reproche de lui.

— Non, mes enfants, non ; je ne suis pas fâché contre vous... Et pourtant, reprit-il entre ses dents, en mordant les poils de sa vieille moustache, pourtant...

— Pourtant quoi? sergent. Est-ce que tout le monde n'a pas fait de son mieux aujourd'hui à la **grande manœuvre ?**

— Nous y voilà justement. Pour marcher en rang, pour faire un feu de peloton, cela ne va pas mal. Mais pour courir et sauter, ah ! mes pauvres enfants, si vous pouviez vous voir par derrière... ! quand il s'agit de franchir un fossé, on dirait une ligne de canards qui vont se mettre à l'eau. Non, voyez-vous, la gymnastique, ce n'est pas votre fort !

« **La gymnastique,** cependant, ne vous y trompez pas, mes amis : **c'est la moitié du soldat.** Tenez, moi qui vous parle... Enfin, suffit !

— Sergent, reprit le caporal, vous aviez une histoire sur le bout de la langue. Contez-nous ça : voyez les camarades, ils font déjà des yeux comme des boules de loto.

— Oui, oui, sergent. Contez-nous ça, dit en chœur toute la section.

— Vous la voulez, vous l'aurez, répliqua le vieux Fauverge. Seulement, gamins, rappelez-vous qu'il ne faut pas dormir pendant une histoire, quand on l'a demandée. Vous savez le mot d'ordre : si je vois les yeux se fermer, je crie : *Cric !* Si vous ne répondez pas sur-le-champ, comme un seul homme : *Crac !* je m'arrête. Y sommes-nous ? *Cric !*

— *Crac !* fit l'auditoire tout d'une voix.

DEUXIÈME RÉCIT

SAUVÉ PAR LA GYMNASTIQUE (*Suite*)

« Donc, commença le sergent, c'était en **1871**, à la fin de la guerre ; nous étions en Allemagne, au fin fond d'une forteresse qu'ils appellent Ingolstadt, avec beaucoup d'autres prisonniers français. Quand je dis nous, c'est moi et mon camarade, mon brave Bourguignon, le meilleur des hommes, et le plus parfait, *s'il avait voulu apprendre la gymnastique*. A la fin, comme nous étions très misérables, par la rapacité d'un certain commandant bavarois qui nous volait la moitié de nos vivres et tout notre charbon, la colère nous avait pris. On s'était révolté, on avait brûlé quelques baraques, et pour se venger, le commandant faisait tirer sur nous ses soldats, qui nous entouraient, montés sur les remparts.

« La nuit vint que cette abominable boucherie durait encore ; chacun se cachait comme il pouvait. Bourguignon et moi nous nous étions faufilés entre une poudrière et le rempart. Les deux murs étaient très rapprochés, et nous étions bien cachés, jusqu'au matin du moins.

« — Si nous nous sauvions, dis-je à Bourguignon.

« — J'y pensais, me répondit-il. Mais comment ?

« — Innocent, regarde donc là-haut. Tu ne vois rien ?

« — Je vois les étoiles.

« — C'est un peu haut pour s'y sauver. Mais il y a le

talus du rempart : montons-y, nous n'aurons plus qu'à nous laisser tomber dans le fossé; une fois là, nous trouverons bien à remonter de l'autre côté. Et l'autre côté, tu sais, mon vieux Bourguignon, c'est la pleine campagne, c'est-à-dire **la liberté et la France,** moyennant des jambes et du courage.

« Voilà notre plan arrêté. Il ne s'agissait que de se hisser sur la crête du mur de rempart, où commençait le talus. C'est alors que Bourguignon commença à se repentir de n'être pas allé comme moi à *l'école de gymnastique à Vincennes.*

« J'essayai de lui faire la courte échelle : mais il n'arrivait pas encore à empoigner le haut du mur. Nous nous désolions, et il commençait à me dire : « Va-t'en « seul. Vois-tu, je ne ferais que t'embarrasser. » J'eus la bonne idée alors de monter le premier. Une fois en haut, je fis, de mon mouchoir et du sien une cordelette bien tordue, avec un nœud à chaque extrémité.

« C'est au bout de cette corde que je hissai Bourguignon, pendu comme un poisson au bout de la ligne à pêcher.

« Si prompte qu'eût été la manœuvre, le factionnaire bavarois qui faisait les cent pas sur le rempart avait eu le temps de nous voir à travers la demi-obscurité du soir. Il accourait sur nous, casque baissé, baïonnette au canon.

TROISIÈME RÉCIT

SAUVÉ PAR LA GYMNASTIQUE (*Fin*)

« Il n'y avait pas à hésiter. D'un même élan, Bourguignon et moi, en trois sauts, nous étions sur l'autre revers du talus, et là, à la renverse sur la pente raide, nous glissions vers le fossé. Le factionnaire fait feu et nous manque, tandis que nous, sans réfléchir, nous nous laissons tomber dans le fossé.

« Quelle chute, mes amis! Sept ou huit mètres de hauteur! Heureusement le fossé était plein d'une vase épaisse,

avec quelques pouces d'eau par-dessus. Cela amortit
notre chute. Pour moi j'avais eu soin de tomber selon les
bons principes, *les bras en l'air, les jambes tendues et
prêtes à fléchir en touchant le sol :* aussi je ne m'étais
pas fait de mal ; je me sentais seulement un peu étourdi.
Mais mon pauvre camarade se plaignait tout bas de dou-
leurs à la jambe droite et dans le ventre.

« Nous n'avions pourtant pas le temps de nous arrêter :
sur le rempart, les factionnaires s'agitaient ; encore une
minute et les sentinelles perdues, qui rôdaient en dehors
autour du fossé, allaient être averties. Je dis à Bourguignon :

« — Appuie-toi sur moi !... » et je me mis à l'entraîner

Une fusillade retentit dans le fossé.

jusqu'à un escalier qui conduisait du fossé à la surface
du sol. Il me suivit en gémissant. Il fallait bien que son
mal fût grand, car jamais je ne l'avais entendu se
plaindre.

« Nous pouvions encore échapper. Du moins nous le
pensions. Mais en arrivant à l'escalier, nous nous

aperçûmes que les marches d'en bas, jusqu'à deux mètres de haut, manquaient. C'était un faux escalier. Seulement une barre de fer, scellée par ses deux extrémités aux deux côtés de la brèche que faisait cet escalier, rendait l'escalade possible, pour un homme habitué à manœuvrer sur la *barre fixe*. D'un bond, je saisis à deux mains la barre, et en un *rétablissement*, je fus dessus. Je me retournai alors pour appeler Bourguignon : il me répondit tout bas : « Va-t'en ! » J'essayai de recommencer la manœuvre du mouchoir, il me fit signe que non.

« Et ma foi ! comme je sentais que nous allions être perdus tous deux sans profit, je gravis l'escalier, et je m'enfuis à travers la campagne, après avoir renversé le factionnaire qui me barrait le passage. Je n'avais pas fait deux cents pas, qu'une fusillade retentit derrière moi : les murs et le fossé d'Ingolstadt faisaient écho d'une façon terrible. Je compris qu'on avait découvert Bourguignon et qu'on tirait sur lui... Je n'ai jamais eu de ses nouvelles depuis.

« Je ne pouvais pas m'empêcher de pleurer mon ami, tout en courant. Mais il fallait bien avouer que j'avais fait le possible, et que je ne pouvais plus rien. Pauvre garçon ! s'il avait su la gymnastique ! »

— *Cric !* dit le sergent, arrêtant court son récit.

— *Crac !* répondit faiblement la troupe. Chacun avait grand sommeil, et nous ne fûmes pas longs à nous rouler dans nos couvertures et à nous endormir. Mais plus d'un rêva à l'évasion héroïque du vieux sergent Fauverge et à ce pauvre Bourguignon, mort sous les balles allemandes pour n'avoir pas su faire **un rétablissement sur la barre fixe.**

RÉSUMÉ

1. Celui qui ne se respecte pas lui-même ne sera pas respecté par autrui.

2. C'est par la dignité que l'on s'attire le respect.

3. La dignité exige une bonne tenue, c'est-à-dire un extérieur soigné et de bonnes manières.

4. Il faut soigner son corps pour l'entretenir en santé et n'être à charge à personne. L'art de soigner son corps s'appelle l'hygiène.

5. L'hygiène recommande trois choses : l'air, l'eau, l'exercice.

6. L'air pur entretient la force et la santé. Ne vous enfermez pas dans des chambres étroites et malsaines.

7. L'eau est indispensable à la propreté : sans la propreté, pas de santé. Celui qui ne soigne pas sa peau la perdra.

8. L'exercice, la gymnastique sont d'autant plus indispensables, que nous serons tous soldats à notre tour.

9. L'hygiène défend l'intempérance.

10. L'ivrogne perd sa santé et sa raison : il arrive à ne plus se posséder. Il est alors exposé à commettre des crimes affreux sans le savoir.

11. Beaucoup d'ivrognes meurent d'une épouvantable maladie, le *delirium tremens*, qui les rend fous et décompose leur corps.

12. Le tabac contient un poison, la nicotine, qui peut tuer, et qui en tout cas affaiblit le cerveau. Il faut s'en défier.

13. Les excès de table dégradent l'homme ; tous les excès sont contraires à la raison.

14. Les bonnes manières s'apprennent dans les bonnes compagnies.

15. Si vous voulez avoir la vraie politesse, ayez de la bienveillance et du respect pour ceux à qui vous parlez.

16. La familiarité ne doit pas être le contraire de la politesse : elle est seulement une politesse plus affectueuse.

17. Les Français sont, dit-on, la nation la plus polie du monde : soutenons cette réputation.

18. Celui qui n'est pas franc a honte de lui-même : il n'ose regarder personne en face.

19. Il ne faut pas mentir pour se faire valoir : car bientôt on est connu et méprisé.

20. Il ne faut pas mentir pour éviter les punitions : car alors on est un lâche. Péché avoué est à moitié pardonné.

EXERCICES ORAUX OU ÉCRITS

1. Qu'arrive-t-il à celui qui ne se respecte pas?
2. Comment s'attire-t-on le respect?
3. Quelles sont les exigences de la dignité?
4. Pourquoi faut-il soigner son corps? — Comment s'appelle l'art de soigner son corps?
5. Quelles sont les trois choses recommandées par l'hygiène?
6. Quels sont les bons effets de l'air pur?
7. Ceux de l'eau? — Qu'arrive-t-il à celui qui ne soigne pas sa peau?
8. Pourquoi la gymnastique est-elle indispensable aujourd'hui?
9. Que nous défend l'hygiène?
10. Qu'arrive-t-il à l'ivrogne?
11. Quelle est la maladie dont meurent souvent les ivrognes?
12. Quel poison contient le tabac?
13. A quoi les excès sont-ils contraires?
14. Où prend-on les bonnes manières?
15. Que faut-il faire pour avoir la vraie politesse?
16. Qu'est-ce que la familiarité?
17. Quelle réputation les Français ont-ils à soutenir?
18. Qu'arrive-t-il à celui qui n'est pas franc?
19. Celui qui ment pour se faire valoir réussit-il?
20. Comment nommez-vous celui qui ment pour éviter les punitions?

Devoirs de rédaction

1. Montrez que la dignité est indispensable même à un enfant, et expliquez quelles qualités elle comporte. — Définissez l'hygiène

et citez ses prescriptions les plus essentielles. — Définissez la gymnastique, et montrez à quoi elle est utile.

2. Expliquez comment naît l'ivrognerie, et montrez-en les dangers. — Qu'est-ce que les bonnes manières, la politesse vraie, la politesse hypocrite, la grossièreté?

3. Qu'est-ce que la franchise? — Montrez que le mensonge n'est jamais innocent. — Qu'est-ce que la conscience?

CHAPITRE VII

LA MAISONNÉE
SERVITEURS. — ANIMAUX DOMESTIQUES

PREMIÈRE LEÇON

DEVOIRS ENVERS LES SERVITEURS DE LA MAISON

— Mes enfants, vos parents n'ont pas tous des *domestiques* à leur service: la plupart se suffisent d'eux-mêmes, parce que le ménage n'est pas trop gros, que les champs à cultiver ne sont pas trop grands, ou l'atelier pas trop chargé d'ouvrage. Ou bien encore, chez d'autres, il y a assez de personnes dans la famille pour suffire à tous les travaux. C'est l'avantage des familles nombreuses : elles n'ont pas besoin de recourir à des étrangers ; et comme chacun se dit qu'il travaille sur son bien, tous y vont de bon cœur.

Mais enfin, toutes les familles n'ont pas ce bonheur, d'être riches d'enfants. Et puis il y a des propriétés trop grandes, qu'une famille seule ne parviendrait jamais à faire valoir. C'est ce qui arrive chez vous, Simon. Votre mère a été obligée de s'adjoindre une *servante*, et votre père a trois *valets :* l'un pour l'écurie, l'autre pour la ferme, le dernier pour la charrue. Aussi, c'est à vous que je vais faire ma question.

Dites-moi, savez-vous quels sont vos devoirs envers les *serviteurs de la maison*, envers les servantes et les valets?

Simon hésita un peu, et dit :

— Non, monsieur, je ne sais pas... Mais, monsieur, est-ce que ce n'est pas eux, plutôt, qui ont des devoirs envers nous autres?

— L'un n'empêche pas l'autre, Simon. Mais laissons cela pour le moment. D'après vous, alors, votre père, n'a pas de devoirs envers ses valets?

— Mais, monsieur, puisque c'est lui qui commande ce qu'il veut, eux n'ont qu'à obéir.

— Eh bien! Simon, c'est ce qui vous trompe. Chacun, **maître et domestique,** a ses devoirs à remplir : rappelez-vous le jour de la paye.

Ce jour-là, vous savez ce qui se passe : votre père va à l'armoire, il en tire un petit sac de toile, et descend dans la salle du bas. Les domestiques savent bien ce que cela veut dire : ils viennent l'un derrière l'autre, et chacun reçoit son gage. J'ai vu cela moi-même, l'autre jour en passant devant la ferme ; je voulais presser le pas pour ne pas gêner votre père, mais lui m'a arrêté, en me disant : « Faites-nous donc l'honneur d'entrer un instant, monsieur l'instituteur : **qui paye ses dettes ne se cache pas.** »

DEUXIÈME LEÇON

ON DOIT AUX DOMESTIQUES POLITESSE ET BONTÉ

Mais que pensez-vous qu'il arriverait, si un fermier, tant gros qu'il soit, oubliait ou tardait de payer ses serviteurs? Ils réclameraient leur dû, respectueusement d'abord. Et si on avait l'air de ne pas les écouter, ils hausseraient la voix : il faudrait bien leur obéir, et payer. Sinon **la justice serait là** pour les soutenir.

Vous le voyez donc, Simon, on n'est maître que si l'on paye. *Les domestiques donnent leurs services; le maître donne ses écus :* quitte à quitte. **Les bons comptes font les bons amis.**

Ainsi mettez-vous bien ceci dans la tête. Si le domestique est sous les ordres du maître, c'est parce qu'il le veut bien. Il était libre de ne pas se laisser engager; seulement il trouve son compte à louer ses services pour un certain prix, et il les loue. Voilà pourquoi le maître n'a le droit de lui commander que pour ce qui a été convenu entre eux. Voilà aussi pourquoi en dehors du travail, où il faut toujours un chef pour diriger, — le maître et le serviteur sont égaux, ils se doivent le même respect. Seulement, ce respect s'appelle, de la part du maître, *politesse*, et de la part du domestique, *déférence*.

Par conséquent, si vos parents, qui sont au-dessus de vous, se croient obligés à avoir des égards pour les serviteurs de la maison, à plus forte raison, vous qui n'êtes que des enfants, vous devez être polis et respectueux avec ces mêmes serviteurs. Vous n'avez pas le droit de les commander, car ils sont entrés dans la maison avec la condition d'obéir à vos parents, ou en tout cas à des personnes raisonnables, et non pas à vous. Et quant à leur manquer de respect, personne n'a ce droit : **celui qui est impoli et grossier n'abaisse que lui-même.** *L'insulte n'atteint pas l'insulté :* elle retombe sur l'insulteur.

Ce n'est pas tout encore, mes enfants. Il ne suffit pas d'être juste et poli avec les domestiques. Il faut les traiter avec bonté. Je vous le disais tout à l'heure : les meilleurs serviteurs sont les gens de la famille. Eh bien! pour qu'un serviteur devienne le meilleur possible, il faut qu'il se regarde comme étant de la famille.

C'est ce qui arrive pour les domestiques que l'on sait garder, et qui s'attachent à la maison. Ceux-là, les enfants doivent les aimer un peu comme des parents.

Demandez à Simon s'il n'aime pas presque comme une tante sa vieille Manon, qui l'a vu venir au monde et qui a aidé sa mère à l'élever?

— Oh! oui, monsieur. C'est elle qui me gâte le plus. Encore plus que grand'mère.

— Ce n'est pas ce qu'elle fait de mieux, et cela prouve que rien ne remplace la maman. Mais enfin, ce n'est point une raison pour ne pas l'aimer aussi, et beaucoup.

TROISIÈME LEÇON

LA DOUCEUR ENVERS LES ANIMAUX

— Vous voilà bien essoufflés, mes amis. Prenez place sur vos bancs, et dites-moi ce qui vous faisait courir en troupe tout à l'heure autour de Riffaut le berger?

— Monsieur, c'était un loup, un petit loup, qu'il a pris au piège, et qu'il montre de village en village avant d'aller toucher la *prime du gouvernement*. On s'amuse à le piquer, et à le battre le long de la route ; et même, ceux du bas du village lui ont cassé une patte : il est tout saignant.

— Et c'est là ce que vous regardiez en riant ! Croyez-vous que ce soit beau, ce qu'ont fait les gens du bas du village ?

— Mais, monsieur, puisque c'est un loup, un louveteau, qui aurait mangé le monde plus tard! c'est bien fait pour lui, s'il s'est laissé prendre.

— Oui, c'est bien fait de le prendre, et même ce sera bien fait de le tuer, puisqu'il n'y a pas d'autre moyen de l'empêcher de nuire. Mais ce qui n'est pas bien fait, c'est de le torturer par plaisir. C'est un plaisir de méchant, cela ! et il ne faut jamais être méchant.

Non, mes amis, pas même avec les bêtes dangereuses. Il faut s'en défaire ; il faut les détruire autant qu'on peut, et le gouvernement donne une récompense qui peut être parfois de 200 francs, à celui qui tue un loup. Mais celui qui fait souffrir un animal sans nécessité, on peut dire qu'il s'exerce à devenir une brute malfaisante.

C'est encore bien pis quand les animaux qu'on torture ainsi sont des animaux utiles ou même domestiques. Lorsqu'il s'agit d'animaux dangereux, on a au moins une excuse. Mais maltraiter les animaux qui nous servent, qui travaillent pour nous, comme le bœuf; qui nous nour-

En soignant les animaux, c'est notre bien que nous soignons.

rissent de leurs produits, comme la vache, la chèvre, la poule ; qui veillent sur notre sûreté, comme le chien, c'est une espèce d'ingratitude tout à fait impardonnable.

C'est, en outre, une lâcheté ou bien une imprudence. Une *lâcheté*, s'il s'agit de bêtes inoffensives et faibles, qui ne peuvent se venger. Une *imprudence*, dans tout autre cas : les bêtes, en effet, ne sont pas aussi bêtes qu'on pense; elles gardent le souvenir des mauvais traitements, et elles s'en vengent.

Notez qu'en soignant les animaux, c'est notre bien que nous soignons. Les vaches, mises dans une écurie spacieuse, claire, propre, nourries à leur goût selon la saison, donnent deux fois plus de lait. Un savant, qui a voyagé dans toutes les campagnes d'Europe, assure que le paysan français tire de ses bœufs le double du travail que tirent des leurs l'Espagnol ou l'Italien : c'est que le Français les traite avec plus de douceur et plus de soins.

Il existe une société de personnes tout à fait recommandables et qu'on nomme la **Société protectrice des animaux.** Elle récompense ceux qui traitent bien les bêtes ; elle veille à l'exécution de la **loi Grammont,** qui punit les sévices exercés en public contre les animaux.

Mais si vous croyez que c'est aux animaux que cette loi et cette Société profitent le plus, vous vous trompez. C'est aux hommes surtout qu'elle est utile : elle leur apprend à avoir horreur de ceux qui font souffrir sans nécessité même un animal, et tant que les hommes n'éprouveront pas tous cette horreur, ils ne seront pas complètement humains ni civilisés.

LOI DU 2 JUILLET 1850

DITE LOI GRAMMONT

Seront punis d'une amende de 5 à 15 francs, et pourront l'être d'un à cinq jours de prison, ceux qui auront exercé publiquement et abusivement de mauvais traitements envers les animaux domestiques. — La peine de la prison sera toujours appliquée en cas de récidive.

PREMIER RÉCIT

LE SECRET DE M. CRAPONNE

M. Craponne est un gros propriétaire de l'Isère : ses terres sont à Trablaine, et l'on peut dire qu'il n'en est guère de mieux cultivées ni de plus riches à dix lieues à la ronde. C'est un proverbe dans le pays : que chez M. Craponne, les bêtes mêmes ont l'air heureux.

C'est qu'il a un secret pour faire prospérer la terre et les gens. Comme il est mon ami, je lui ai demandé ce secret, et le voici :

M. Craponne est d'avis que « *tant vaut le travailleur, tant vaut le bétail et le champ* ». Il est aussi d'avis que « *travail d'homme gai vaut double* », et enfin la troisième et dernière maxime de sa philosophie est que « *paysan qui amasse n'est jamais triste* ».

Bien pénétré de ces trois vérités, mon ami n'a jamais eu de plus grand souci que de bien choisir ses serviteurs. D'autres hésitent des journées avant de se décider à acheter une charrue et un cheval, mais ils prennent un valet de ferme pour un an après deux minutes de débat. Lui, tout au rebours : il essaye et il étudie son monde. Il garde longtemps les gens à la journée, mais une fois sûr d'eux, il sait les conserver.

D'abord, il les paye bien, et il ne fait pas attendre les augmentations aux grands travailleurs. En revanche, il veut qu'on s'attache à la maison et au pays ; et pour cela, il a un bon moyen : il oblige tout le monde chez lui à l'épargne. Chaque mois, au jour de paye, chacun dépose aux mains d'un caissier, qui est le plus vieux des contre-maîtres de la ferme, la somme qu'il veut ; mais en tout cas, ce n'est pas moins de deux sous pour chaque franc qu'on vient de recevoir. Toutes ces pièces de deux sous réunies font, à la longue, de grosses sommes : le caissier, conseillé par M. Craponne, les place sur bonne *hypothèque*[1]. Au bout de quelques années, l'intérêt amassé avec les épargnes fait à chacun une somme rondelette, qui se chiffre par des centaines de francs.

Quand un serviteur de M. Craponne en est là, le patron

---

1. *Hypothèque.* — Quand une personne veut emprunter, si elle a une propriété, elle peut donner *hypothèque* sur cette propriété à celui qui lui prêtera. C'est-à-dire que si elle ne rembourse pas l'argent prêté à l'échéance fixée, le prêteur aura le droit de faire vendre la propriété pour se rembourser.

s'arrange pour le rencontrer seul un jour, comme je l'ai vu faire pour Pierre Poncet : « Tu as des économies, lui dit-il ; il faut les employer. Mon père disait que *l'argent vaut mieux en terre qu'en pile.* Qu'en penses-tu ? » Il y avait beau temps que Poncet était de cet avis : il avait bien envie d'un petit champ ; seulement il craignait de n'avoir pas assez d'argent, et peut-être aussi de déplaire au maître, en ayant l'air de vouloir le quitter.

M. Craponne le rassura et le tira d'embarras : « C'est bon, lui dit-il ; ton avoir, à ce que m'a dit votre caissier, monte à 700 et quelques francs. Le champ que tu as en vue en vaut 850. La caisse, c'est-à-dire tes camarades, t'avanceront bien les 150 francs qui te manquent ; ta première récolte, jointe à tes économies de l'année, payera cela, et tu seras propriétaire. Bien entendu, tu restes avec nous : il ne te faudra que quelques journées par mois pour soigner ta terre ; pour ton labour et ta récolte, je te prêterai mes chevaux et ma charrue, et tes camarades, leurs bras : tu nous paieras cela au plus juste ; car je sais que tu ne voudrais pas d'aumône. »

DEUXIÈME RÉCIT

LE DOMESTIQUE DEVENU PROPRIÉTAIRE

Ainsi fut fait. L'an d'après, Pierre Poncet était propriétaire de son premier champ ; quatre années plus tard, il se mariait et se bâtissait une petite maisonnette, pour y habiter avec sa femme. Puis il joignit un jardin où le ménage trouva des légumes. Et enfin de lopin de terre en lopin de terre, il eut assez de champs pour y vivre. Dans l'intervalle, il avait continué à travailler pour M. Craponne, mais seulement à ses moments perdus. Maintenant, il a suffisamment à faire chez lui : mais vous jugez s'il aime son ancien patron. « *C'est le meilleur des maîtres, dit-il, il ne vous prend en service que pour vous apprendre à devenir maître à votre tour.* »

C'est bien en effet la pensée de M. Craponne, et il
arrive à dire « *qu'il ne prend pas des valets, mais des
élèves* ». Aussi sa ferme est une véritable école, où chacun apprend à cultiver la terre par les moyens les
meilleurs qu'enseignent l'expérience et la science.

Il faut voir comme, chez lui, les bestiaux et la basse-

M. Craponne et son fils visitent Pierre Poncet.

cour sont soignés : ce n'est pas lui qui mettrait ses chevaux ou ses bœufs dans des écuries humides, obscures,
puantes ; elles sont claires, bien lavées, débarrassées tous
les jours de leur fumier. Aussi en tire-t-il de quoi en
graisser ses terres le plus richement du monde. Les
bêtes sont robustes, alertes ; comme elles ne reçoivent
que de bons traitements, elles aiment la main qui les
soigne. Et chacun sait que les bêtes sont, pour la beso-
gne, comme les gens : « *de cheval content, coup de
collier vaut double,* » comme dit mon ami.

« Ce que j'ai retiré de meilleur de ma façon de
faire, ajoutait-il un jour, ce sont les bonnes habitudes

de mes enfants. Ils voient que les gens en service chez moi sont laborieux, qu'ils se soutiennent entre eux, et qu'ils m'aiment comme je les estime : **cela apprend à mes fils à respecter le travail et les travailleurs.** L'aîné a déjà vu quatre ou cinq de mes anciens valets de charrue qui maintenant sont sur leurs terres et vivent chez eux en bons propriétaires : **cela lui fait voir que tous les hommes sont égaux,** surtout les hommes de cœur. Ce n'est pas lui qui se croira jamais au-dessus d'un domestique. Aussi ce sera, je l'espère, un garçon de bon sens et pas fier. Voilà, mon ami, ma plus grande récompense. »

Ainsi parla mon cher Craponne, et je trouvai qu'il avait raison.

RÉSUMÉ

1. **Les meilleurs domestiques sont les gens de la famille.** L'un des **principaux avantages des grandes familles, c'est de pouvoir se suffire sans domestiques.**

2. Le domestique ne s'engage que de son plein gré, moyennant un prix accepté de lui, et en vue d'un travail fixé d'avance. Il traite d'égal à égal avec le maître.

3. Il doit obéissance aux parents et aux personnes raisonnables de la maison, mais non aux enfants.

4. Ceux-ci doivent respect et politesse aux domestiques.

5. Les domestiques ancien dans la maison deviennent presque de la famille : les enfants doivent non seulement les respecter, mais même les aimer.

6. Il ne faut pas faire souffrir inutilement les bêtes

même dangereuses. Celui qui prend plaisir à torturer les bêtes s'exerce à devenir une brute malfaisante.

7. C'est une ingratitude de maltraiter les animaux domestiques, qui nous servent.

C'est aussi une lâcheté, quand ils ne peuvent pas se venger, et une imprudence, quand ils le peuvent.

8. En soignant les animaux domestiques, c'est notre bien que nous soignons.

9. La loi Grammont punit ceux qui maltraitent en public les animaux. La Société protectrice des animaux veille à l'observation de cette loi.

10. Elle travaille ainsi à rendre les mœurs plus humaines et plus civilisées.

EXERCICES ORAUX OU ÉCRITS

1. Quels sont les meilleurs domestiques? — Citez l'un des principaux avantages des grandes familles.

2. Comment s'engage le domestique? — Moyennant quoi? — A quoi?

3. A qui le domestique doit-il l'obéissance? — A qui ne la doit-il pas?

4. Qu'est-ce que les enfants doivent aux domestiques?

5. Qu'arrive-t-il aux domestiques anciens dans la maison? — Que doivent faire pour eux les enfants?

6. Qu'est-ce qu'il ne faut pas faire aux bêtes même dangereuses? — A quoi s'exerce celui qui prend plaisir à les torturer?

7. Pourquoi est-ce une ingratitude de maltraiter les animaux domestiques? — Quand est-ce aussi une lâcheté? — Quand, une imprudence?

8. Montrez qu'il est de notre intérêt de soigner les animaux domestiques.

9. Qui punit la loi Grammont? — Que fait la Société protectrice des animaux?

10. A quel résultat travaille-t-elle ainsi?

Devoirs de rédaction

1. Expliquez comment le domestique ne cesse pas d'être l'égal de son maître, bien qu'il lui doive obéissance dans son travail.

2. Montrez quels sont les devoirs de l'enfant envers les domestiques, soit nouveaux, soit anciens dans la maison.

3. Exposez l'objet de la Société protectrice des animaux, et montrez qu'elle est surtout une société pour l'adoucissement des mœurs des hommes.

4. Montrez les raisons pour lesquelles nous devons ne faire souffrir inutilement aucun animal et devons bien soigner les animaux domestiques.

CHAPITRE VIII

TOUT HOMME DOIT TRAVAILLER

PREMIÈRE LEÇON

LA LOI DU TRAVAIL

Un âge vient, mes enfants, où il faut quitter l'école : tantôt c'est pour aller à l'atelier, tantôt aux champs, quelquefois dans un magasin ou dans un bureau ; mais **toujours, c'est pour travailler.**

Le travail est une nécessité. Si personne ne travaillait, personne ne pourrait vivre : *le blé ne pousse pas tout seul.* Les maisons n'ont pas non plus été placées toutes faites sur la terre : il a fallu des maçons pour construire les murs, des charpentiers pour tailler et assembler les poutres et les solives ; il a fallu des carriers pour tirer des carrières les pierres à fournir aux maçons, des bûcherons pour couper les arbres dont sont faites les poutres, des voituriers pour amener le tout sur place ; enfin, il a fallu des chefs pour commander tous ces ouvriers, pour leur distribuer l'ouvrage et pour dresser le plan de la maison. *Toutes les choses utiles à la vie sont les produits du travail.*

Vous, par exemple, de quoi vivez-vous? de quoi vous nourrissez-vous? de quoi vous habillez-vous, mes enfants? C'est de pain, c'est de toile et de drap, sans doute; mais c'est aussi du travail de vos parents. Celui qui ne vit pas de son travail vit donc nécessairement du travail des autres.

Celui qui, par sa faute, *ne travaille pas, ne mérite donc pas le pain qu'il mange.*

Ce n'est pas une malédiction pour l'homme que d'être obligé de travailler. **C'est un bien.** L'habitude de travailler rend l'homme entreprenant et inventif.

Il existe quelques pays, comme l'île de Céram, dans l'Océanie, où les habitants n'ont besoin que de très peu de travail pour vivre; ils ont un arbre, le **sagoutier,** qu'on nomme aussi l'**arbre à pain** : cet arbre donne en abondance une espèce de farine. Avec les feuilles, on peut faire en un instant une hutte. Ainsi, une heure de travail suffit pour assurer à dix personnes pour tout un mois le vivre et le couvert. Voilà un pays bien agréable pour les paresseux. Vous dites quelque chose, Jacques?

— Les habitants de ce pays doivent être bien heureux, monsieur.

— Eh bien ! non : les habitants de Céram ne sont pas plus heureux pour cela. Comme ils n'ont jamais songé à rien faire que d'abattre un arbre de temps en temps, *ils sont restés brutes;* ils n'ont ni vêtements, ni canots, ni armes : ils sont à la merci des bêtes et de leurs voisins. Bref, de tous les sauvages de ces parages, ce sont les plus sots et les plus misérables.

Sans le travail, il n'y aurait jamais eu de **progrès;** la terre ne serait peuplée que de sauvages, et nous ne connaîtrions pas le bien-être et la civilisation.

Il faut donc **honorer le travail,** puisqu'il est si profitable à l'humanité.

Cette vérité est claire comme le jour. Et pourtant elle

a été méconnue bien souvent. *Chez les anciens Grecs et Romains*, un citoyen se serait cru avili s'il avait **fait** œuvre de ses dix doigts. On réduisait de malheureux prisonniers à l'état d'**esclaves**, pour les forcer à cultiver la terre, à exercer les métiers nécessaires à la vie. Parfois, on leur crevait les yeux pour leur faire tourner la meule, comme des chevaux aveugles. Ceux dont on voulait faire des tailleurs, on leur coupait les nerfs des jambes pour les forcer de rester assis et les empêcher de fuir.

Bref, *on faisait vivre et mourir dans les mauvais traitements et sous le fouet une partie de l'humanité pour nourrir l'autre à rien faire.*

Au moyen âge, les **nobles** tiraient également vanité de ne rien faire, et de laisser tout l'ouvrage aux **serfs**. Ils ne se doutaient guère qu'en agissant ainsi ils imitaient par leur plus mauvais côté les anciens païens, qu'ils méprisaient tant. Ils ressemblaient même aux sauvages les plus grossiers : car ceux-ci se font remarquer par leur mépris pour le travail; dans chaque tribu, les plus forts écrasent de coups les faibles, les femmes, les enfants, les vieillards, pour les contraindre à porter les fardeaux ou à chercher de la nourriture, tandis qu'eux-mêmes font les seigneurs.

Le travail est la seule noblesse véritable. *Le respect du travail est le propre des peuples civilisés.*

DEUXIÈME LEÇON

LE TRAVAIL DES BRAS ET LE TRAVAIL DE TÊTE

— Monsieur, vous nous avez bien dit que dans les temps anciens les esclaves travaillaient seuls, pendant que les hommes libres se reposaient?

— C'est la vérité, mon petit Paul.

— Mais alors, monsieur, tous les grands hommes de l'antiquité dont vous nous avez appris les noms, ceux qui faisaient des livres de science, comme Aristote[1], ceux qui bâtissaient de beaux monuments, comme Phidias[2], enfin tous ceux qui ont fait des chefs-d'œuvre, c'étaient donc des esclaves? Car il n'y a pas à dire: ils travaillaient bien, ceux-là.

— Votre remarque est juste, mon ami. Non, Phidias, Aristote, et les autres grands hommes n'étaient pas des esclaves, bien qu'ils fissent des travaux. C'est qu'autrefois, et il n'y a pas si longtemps encore, on avait l'habitude de distinguer deux sortes de travail, ou, comme on disait, *deux classes de professions:*

D'un côté on mettait le **travail manuel,** ou travail des mains, comme celui du cordonnier, du maçon, du garçon de ferme. C'est ce qu'on nomme encore les **professions serviles,** en souvenir des *serfs* et des esclaves à qui l'on réservait autrefois les travaux pénibles. De l'autre côté, c'était le **travail intellectuel** ou travail de tête: par exemple, celui du *professeur,* de l'*écrivain* qui compose un livre, du *patron* qui fait marcher une usine. C'est ce qu'on appelait aussi **les professions libérales,** parce qu'autrefois les hommes libres, quand ils travaillaient, n'en exerçaient pas d'autres.

On croyait alors que les professions libérales étaient seules honorables, et qu'un homme s'abaissait en travaillant de son corps, en se faisant **ouvrier.**

C'était là une injustice, et une sottise. D'abord, *dans toutes les professions sans exception, il faut travailler de la tête aussi bien que du corps, du corps aussi bien que de la tête.* Un maçon fait d'autant mieux son ouvrage qu'il y met plus d'intelligence.

De son côté, un professeur n'a pas besoin seulement d'un grand savoir, il lui faut aussi une bonne voix pour se faire entendre, une poitrine robuste pour résister à la fatigue d'enseigner. Un écrivain bien souvent passe

<hr>

1. Aristote, philosophe grec.
2. Phidias, le plus célèbre sculpteur de l'antiquité.

les nuits, fatigue ses yeux et use sa santé pour venir à bout des questions qu'il étudie.

Quelques-uns se figurent que le *travail des mains est le seul qui donne de la peine ;* ils ont l'air de croire que les ouvriers méritent seuls le nom honorable de **travailleurs.** C'est encore une erreur.

Les travaux de tête demandent d'abord un apprentis-sage plus difficile et plus long qu'aucun autre métier. Ensuite, ces travaux sont pour le moins aussi fatigants : ils laissent même moins de répit. *Un ouvrier, une fois sa tâche faite, peut se délas-ser,* il est libre de soucis du côté de son ouvrage. Le *patron,* au contraire, porte avec lui, le jour et la nuit, la responsabilité et le tracas de toute l'entreprise. *L'écrivain* ne cesse de penser à son livre et le *savant* à ses calculs ou à ses expériences. Travailler de leurs mains serait pour eux un véritable **délassement.**

Denis Papin.

Il serait donc bien injuste de refuser le titre de travailleur à ces hommes, les plus laborieux et les plus chargés de soucis qui soient.

De plus, ce sont les **travailleurs de l'intelligence** qui, par les **inventions,** viennent au secours des **travailleurs manuels.** D'où sont sortis tant de **machines** qui soulagent les ouvriers, si ce n'est pas de la tête des inventeurs? **Denis Papin** et **James Watt** ne travaillaient pas des bras, quand ils imagi-nèrent les premières machines à vapeur : et cependant, ils ont donné aux ouvriers du monde entier des auxiliaires de fer et d'acier qui font autant de travail que des millions de bras robustes.

Tout cela n'empêche pas d'ailleurs le travail manuel d'être aussi honorable que le travail intellectuel : *tout métier qui peut nourrir honnêtement son homme est un bon métier.*

Quelques-uns, par vanité, dédaignent un métier qui les ferait bien vivre, pour un bureau où ils végéteront ; ils auraient honte d'être des ouvriers ou des paysans, et ils veulent se donner des airs de *messieurs.* Ne les imitez pas ; sachez qu'un bon ouvrier, rangé et économe, est estimé des hommes de bon sens à l'égal de tous les *messieurs* du monde.

PREMIER RÉCIT

HISTOIRE D'UN ATELIER. — *L'apprentissage de Louis.*

— Maître Franche, dit le père Guillot en entrant un matin dans l'atelier de menuiserie, je vous amène Louis, mon garçon. Il vient de finir ses quatorze ans ; il a eu **son certificat d'études** ; le voilà grand et déjà solide : il est temps qu'il apprenne à gagner sa vie. Il dit qu'il aimerait l'état de menuisier : voulez-vous vous charger de lui ?

— Compère, je n'ai guère besoin d'un apprenti, mais il ne sera pas dit que votre garçon aura eu besoin d'aller frapper à une autre porte pour avoir de l'ouvrage. Voyons, Louis, est-ce vrai que tu veux être menuisier ? C'est un métier difficile : il y faut de la force et de l'adresse. Es-tu décidé à essayer ?

Louis promit de faire de son mieux. Maître Franche, pour commencer, lui donna sur-le-champ à ramasser les copeaux qui traînaient dans l'atelier ; Louis devait en faire un tas, et mettre à part, en petits fagots, les éclats de bois qui s'y trouvaient mêlés.

Ce n'était pas là ce que Louis avait rêvé en se faisant

menuisier : il s'était vu déjà occupé à pousser la *var-lope* et à creuser avec la *gouge* de belles moulures dans des planches bien lisses, en sifflant comme un gai compagnon. Le métier de ramasseur de copeaux et de faiseur de fagots ne satisfaisait qu'à moitié son ambition.

Aussi il se trouva las au bout de cinq minutes ; il s'assit dans un coin, et se mit à regarder les autres. Il

— Que vas-tu faire, petit? lui dit Basset.

était là bien calme, quand midi sonna. Madame Franche parut alors, disant : « *A la soupe, mes enfants!* » Louis, qui avait bon appétit, suivit les autres. Il trouva son couvert mis, et il allait s'asseoir :

— Que vas-tu faire, petit? lui dit alors le grand Basset, le premier ouvrier de l'atelier, en lui mettant la main sur l'épaule. Tu vas manger?

— Mais oui, monsieur, répondit Louis, un peu intimidé.

— Et que faisais-tu tout à l'heure? Tu nous regardais travailler. M'est avis qu'à cette heure tu pourrais bien nous regarder manger. Tu n'as pas diminué notre ouvrage, n'est-ce pas? Eh bien! donc, ne viens pas diminuer notre part à table.

Louis était tout rouge de honte, et cherchait à s'en aller : il aurait voulu être à cent pieds sous terre. Maître Franche, qui était un homme bon, le retint.

DEUXIÈME RÉCIT

HISTOIRE D'UN ATELIER (*Suite*). — *La morale de maître Franche.*

— Basset, mon ami, dit maître Franche, ce que tu dis est juste; mais tu oublies que tu parles à un enfant. Tu es un bon ouvrier aujourd'hui, tu travailles dur, et c'est ce qui te rend sévère pour les autres. Mais tu n'as pas toujours été si sérieux, j'imagine; et jadis, si toutes les fois que tu as fait l'école buissonnière on t'avait privé de soupe, tu ne serais pas si fort ni si bien portant.

— Ça, c'est vrai, dit Basset avec un gros rire. J'étais gamin comme pas un.

— Eh bien! alors, sois indulgent pour les autres. Louis a eu tort, et je vois bien qu'il est tout prêt à le comprendre, si on veut le raisonner. Mais d'abord, à table ! la morale viendra après, en guise de dessert.

Quand on eut expédié la soupe et une bonne tranche de lard, maître Franche reprit la parole :

— Dis-moi, Louis, pourrais-tu me nommer ce que tu tiens là, dans ta main gauche?

— C'est du pain, monsieur.

— Et saurais-tu me dire où l'on trouve le pain?

— Monsieur, on le trouve chez le boulanger, en payant.

— En payant? En es-tu sûr, Louis? J'aurais pensé, moi, qu'on devait le trouver sur les routes, ou qu'il devait tomber du ciel dans la *huche*, tout cuit. Oui, ce matin, à voir comme tu travaillais pour gagner le tien, on aurait cru vraiment que le pain ne coûtait rien. Est-ce ton avis?

— Oh! non, monsieur, je sais bien que le pain se fait avec de la farine, et qu'il faut le pétrir à la force des bras, faire chauffer le four, et l'y mettre à cuire. J'ai bien vu aussi que pour faire la farine, il faut un moulin, avec un meunier et des ouvriers très forts pour le mener. Je sais également que le grain dont on tire la farine ne vient pas tout seul : il faut que les laboureurs se lèvent de bonne heure, qu'ils peinent toute l'année, au froid, à la pluie, sous le soleil, pour le faire lever de terre. Tout ce monde-là a travaillé pour me préparer le pain que je mange, et il faut qu'à mon tour je travaille pour les payer.

— Bien parlé, garçon, répondit Basset. Maintenant, il s'agit de faire aussi bien. Tes fagots sont toujours à t'attendre.

Louis courut à l'atelier, et se jeta sur son ouvrage.

TROISIÈME RÉCIT

HISTOIRE D'UN ATELIER (*Suite*). — *Une leçon à Basset.*

Louis travailla si bien tout ce jour-là qu'à la nuit tombante il avait nettoyé l'atelier, fait dix bottes de copeaux, lié trente petits fagots, et mérité enfin le surnom de *Va-de-bon-cœur*, qui lui fut décerné par Basset, et ratifié par tout l'atelier.

— Cette fois, dit Basset, quand on se mit à table, je ne reprocherai pas à l'apprenti sa soupe : il ne l'a pas volée. J'avais raison de le lui dire ce matin, puisqu'il m'a compris : on ne digère bien que le pain qu'on a gagné à la force du poignet.

Louis avait trop bon appétit pour répondre sur le moment ; mais, un peu après, il dit :

— Cependant, monsieur Basset, M. Simonnot, le maître d'école, ne travaille pas avec ses poings ; et vous ne direz pas, malgré cela, que celui-là vole le pain qu'il mange.

Basset se gratta la tête, voulut répondre et resta interloqué. Les compagnons riaient à pleine gorge de son embarras.

— Tu vois, Basset, mon ami, lui dit maître Franche: il ne faut pas trop se dépêcher de rire des autres, si l'on ne veut pas que les autres rient de vous à leur tour.

Cependant, si Louis a raison, tu n'as pas tout à fait tort non plus. Que M. Simonnot travaille de la tête ou des bras, ce n'est pas là l'essentiel: l'essentiel, c'est qu'il travaille, c'est-à-dire qu'il emploie ses forces pour rendre des services aux autres. Parce qu'il reste dans sa classe, au lieu de vivre à l'air; parce qu'il demeure assis, ou à se promener de long en large, au lieu de se courber sur l'établi; parce qu'il manie un bout de craie, au lieu d'un manche de charrue ou d'un maillet, il ne se fatigue pas moins que nous autres. Depuis l'âge de dix ans, il use ses yeux sur les livres; depuis l'âge de vingt ans, il s'abîme la voix et les poumons à se faire entendre des enfants; quand arrivera sa retraite, il sera déjà tout cassé et à bout de forces. Allez! ceux qui travaillent des mains ne sont pas les plus à plaindre.

— Cela n'empêche pas, patron, dit Basset, que le travail des mains est le plus essentiel. Tous vos travailleurs de tête ne feraient ni un pain ni une porte.

— C'est à savoir !... Les travailleurs de tête inventent des machines: avec les machines on fait tout. Et puis, tu te calomnies, Basset: tu n'as pas uniquement des mains; tu as une tête, toi aussi. Pourquoi es-tu le premier ouvrier ici? Parce qu'avant d'entreprendre un ouvrage, tu réfléchis, tu combines, et tu arrives à gâcher moins de bois et à faire plus vite que personne. C'est ta tête qui aide tes mains; c'est grâce à elle que tu es contremaître, et un bon contremaître. Ainsi, ne dis pas de mal des travailleurs de tête: tu en es un, et si chacun te considère ici, ce n'est pas pour une autre raison.

RÉSUMÉ

1. Après l'âge d'étudier vient l'âge de travailler.

2. Si personne ne travaillait, personne ne pourrait vivre : car toutes les choses utiles à la vie sont les produits du travail.

3. Celui qui ne travaille pas ne mérite pas le pain qu'il mange.

4. La nécessité de travailler n'est pas une malédiction pour l'homme : c'est un bien.

5. Sans le travail, il n'y aurait ni progrès, ni bien-être, ni civilisation.

6. Il faut honorer le travail.

7. Autrefois, on méprisait le travail : chez les anciens Grecs et Romains, on avait des esclaves. On faisait vivre et mourir dans les mauvais traitements une partie de l'humanité pour nourrir l'autre à ne rien faire.

8. Au moyen âge aussi, les nobles faisaient travailler les serfs à leur place.

9. Chez les sauvages, on fait de même : les plus forts obligent les faibles à travailler, et font les seigneurs.

10. Aujourd'hui, le travail est la seule noblesse véritable.

11. Autrefois on distinguait deux sortes de travail : le travail manuel ou travail servile, et le travail intellectuel ou travail libéral.

12. On croyait que le travail manuel était déshonorant, et que le travail libéral était seul honorable.

13. C'était une sottise : dans toutes les professions, il faut travailler de la tête comme du corps.

Il n'y a que des différences de plus ou de moins.

14. C'est aussi une erreur de croire que le travail manuel donne seul de la peine : les professions libérales donnent plus de tracas et laissent souvent moins de répit.

15. Parmi les travailleurs intellectuels, les inventeurs rendent des services immenses aux travailleurs manuels : ils sont les bienfaiteurs de l'humanité.

16. Le travail manuel est aussi honorable qu'un autre : tout métier qui nourrit honnêtement son homme est un bon métier.

EXERCICES ORAUX OU ÉCRITS

1. Qu'est-ce qui vient après l'âge d'étudier?
2. Pourquoi est-ce que, si personne ne travaillait, personne ne pourrait vivre?
3. Que mérite celui qui ne travaille pas ?
4. Qu'est-ce pour l'homme que la nécessité de travailler?
5. Qu'est-ce qui n'existerait pas sans le travail?
6. Que faut-il penser du travail?
7. Qu'était-ce que les esclaves?
8. Que faisaient les nobles au moyen âge?
9. Les sauvages font-ils de même? — Comment?
10. Quelle est la vraie noblesse?
11. Combien distinguait-on autrefois de sortes de travail? — Lesquelles?
12. Quelle opinion avait-on de l'une et de l'autre?
13. Est-ce qu'il y a des professions où l'on ne travaille que de tête, ou bien que du corps?
14. Quelles sont les professions qui donnent le plus de peine?
15. Que sont pour l'humanité les inventeurs?
16. A quoi reconnaissez-vous un bon métier?

Devoirs de rédaction

1. Expliquez pourquoi le travail est une nécessité bienfaisante.
2. Résumez les faits les plus essentiels de l'histoire du travail: chez les sauvages, chez les anciens Grecs et Romains, au moyen âge, dans les temps modernes.

3. Montrez que le travail crée la vraie noblesse de l'homme.

4. En quoi se distinguent, en quoi se rapprochent et s'entr'aident le travail manuel et le travail libéral.

5. Montrez qu'ils sont également honorables.

6. Faites voir que les inventeurs, les savants, sont des travailleurs dont le travail vaut celui de milliers et de millions de bras.

CHAPITRE IX

LA LIBERTÉ DU TRAVAIL ET DU COMMERCE

PREMIÈRE LEÇON

LA LIBERTÉ DU TRAVAIL

— Mes enfants, quand le moment sera venu pour vous de choisir un métier, je ne vous conseille pas de répondre comme Jean Cassignol, quand son père lui demanda s'il voulait se faire menuisier, cordonnier, tailleur, chapelier, etc. Il répondit : « Je veux bien tout ça à la fois. » Il faut se décider : *à chacun son métier, l'ouvrage sera bien mené.*

Chez les sauvages, chaque individu est obligé de suffire à tous ses besoins, et de faire tous les métiers : il est tour à tour *architecte* pour bâtir sa hutte, *armurier* pour fabriquer ses ustensiles de chasse, *constructeur* pour se creuser un canot dans un tronc d'arbre, *tailleur* pour se faire un vêtement de peaux. Mais, comme il n'a le temps de se perfectionner dans aucun de ces métiers, il s'acquitte assez mal de tous, et les objets de sa fabrication sont peu solides, mal commodes et ridicules à voir.

Pour apprendre à faire vite, sans peine et bien un travail quelconque, il faut d'abord y être *disposé par nature :* ainsi il faut avoir une vue perçante pour devenir bon chasseur, une main légère et sûre pour être bon horloger. Il faut surtout *donner tout son temps* à ce même travail. Aussi dans tous les pays qui ne sont pas restés sauvages, peu à peu chacun s'est appliqué à un travail particulier, *chacun a pris un métier.*

Chacun a le droit de choisir le métier qui lui convient : c'est ce qu'on nomme la *liberté du travail.* Il importe d'en user raisonnablement : il ne faut pas croire qu'un métier vous convient parce que vous seriez flatté de l'exercer. *Le métier qui vous convient n'est pas toujours celui qui vous plaît d'avance,* car vous ne le connaissez pas encore.

Choisissez-le d'accord avec vos **aptitudes :** c'est celui-là dont vous vous acquitterez le mieux; c'est aussi celui où vous avez le plus de chances d'être heureux : d'abord, parce que vous y gagnerez mieux votre vie; ensuite parce que vous y trouverez le meilleur emploi de toutes vos capacités.

DEUXIÈME LEÇON

LA LIBERTÉ DU TRAVAIL AUTREFOIS

Autrefois, *sous la royauté, la liberté du travail n'existait pas.* On n'était pas libre de choisir un métier à son gré. Par exemple, si vous vouliez être cordonnier, il fallait d'abord aller trouver un **maître cordonnier,** et obtenir de lui la permission de travailler dans son atelier comme **apprenti.** Le maître alors allait consulter ses confrères, qui formaient avec lui la **corporation** des cordonniers. C'étaient eux qui décidaient si l'on pouvait ou non admettre un apprenti dans le métier; et ils ne s'y résolvaient pas facilement, par orgueil d'abord, et puis par peur de diminuer la part de travail des autres.

Si l'aspirant était admis, il obtenait le droit de payer

une bonne somme d'argent à son patron, une autre à la corporation, moyennant quoi il était apprenti ; c'est-à-dire qu'il avait la permission de servir les ouvriers, de mettre de la poix au fil dont ils se servaient, etc. Mais, quant à toucher un tranchet ou un cuir, cela lui était défendu comme le *Pater* aux ânes.

Cela durait au moins quatre ans. Après, on pouvait devenir **compagnon,** autrement dit ouvrier : ce nouveau grade coûtait encore un bon prix. Et une fois parvenu à cette hauteur, la plupart en restaient là.

Quelques-uns seulement, qui étaient protégés par leurs maîtres, et surtout bien munis d'argent, étaient admis, après de longues années, à se présenter pour la **maîtrise.** Il fallait d'abord faire un **chef-d'œuvre,** un travail parfait en son genre.

Les maîtres se réunissaient pour l'apprécier ; et soyez sûrs que si le compagnon leur déplaisait, ou s'ils trouvaient qu'il n'y avait pas trop d'ouvrage pour le partager avec un patron de plus, ils ne se faisaient pas faute de refuser les plus beaux chefs-d'œuvre. Si cependant le compagnon passait **maître,** alors il fallait acheter la maîtrise, et elle lui coûtait parfois plusieurs milliers de francs, ce qui était pour le temps une petite fortune.

Ce n'est pas encore tout : quand on était maître dans un métier, il ne fallait pas essayer d'*agrandir ses affaires,* ni surtout d'*inventer* des perfectionnements.

Un cordonnier avait droit de faire des souliers neufs ; mais s'il avait le malheur de raccommoder les siens ou ceux de sa femme et de ses enfants, les maîtres savetiers lui faisaient tout de suite un procès : ces procès duraient parfois des siècles et des siècles et ruinaient plusieurs générations de cordonniers et de savetiers. A Paris seulement, il se dépensait, bon an mal an, 800,000 francs en procès de ce genre.

Quand un maître faisait une invention, au lieu de lui donner un brevet, *la police descendait chez lui,* saisissait toutes les marchandises nouvelles, les détruisait et mettait le feu à ses outils et à ses machines. Voilà comment on respectait les hommes de progrès dans ce temps-là.

A la fin de la royauté, sous Louis XVI, un ministre, le grand et bon **Turgot,** essaya d'abolir les corporations. Mais il avait à peine obtenu du roi l'ordonnance qui établissait la *liberté du travail,* que des courtisans, payés par les chefs des corporations, le firent chasser.

Il fallut la **grande Révolution** pour en finir avec cette injustice si ancienne : une loi, en 1791, abolit à jamais corporations et maîtrises. Quand vous choisirez votre état, souvenez - vous - en, mes amis, et dites-vous bien : « *Sans la Révolution, je ne pourrais pas prendre le métier* qui me plaît. **C'est elle qui a émancipé les travailleurs.** »

Turgot.

TROISIÈME LEÇON

LA LIBERTÉ DU COMMERCE

Du moment où chacun de nous ne fait plus lui-même tous les objets dont il a besoin, *il faut bien que nous échangions entre nous nos produits et nos services.* Le menuisier ne peut pas se nourrir avec les planches qu'il fabrique, ni le boulanger se faire une maison avec ses pains. Il faut donc qu'ils s'entendent entre eux pour se fournir l'un à l'autre les choses dont ils manquent, en les échangeant.

Tout homme a le droit d'acheter où il lui plaît et à qui il lui plaît. Tout homme a le droit de vendre au prix qu'il juge bon. C'est à l'acheteur et au vendeur de faire eux-mêmes leur prix, en le débattant librement. C'est là ce qu'on appelle la **liberté du commerce**.

A la vérité, les marchands peuvent être tentés quelquefois de vendre leurs denrées à un *prix excessif*. De même, l'ouvrier ou le domestique voudrait parfois louer son travail ou ses services plus cher que de raison. Seulement, il se trouverait bientôt quelqu'un pour dire : « Voilà un marchand qui vend trop cher, ou un ouvrier qui demande un trop gros salaire : je me chargerais bien de vivre en me contentant d'un moindre bénéfice. Je vais offrir les mêmes services ou les mêmes denrées à meilleur marché. » Vous comprenez qu'aussitôt les autres marchands ou les autres ouvriers seront forcés de baisser leur prix, sinon toute la clientèle ira au nouveau venu. Tel est l'effet de la **concurrence** : *c'est elle qui fait baisser tous les prix jusqu'à ce qu'ils deviennent raisonnables.*

QUATRIÈME LEÇON

LE LIBRE-ÉCHANGE [1]

La concurrence est bonne, non seulement entre les gens du même pays, mais aussi *entre des pays différents ;* naturellement, quand on a besoin d'une denrée, on aime à l'acheter au meilleur marché possible, et on ne regarde pas d'où elle vient, pourvu qu'elle soit bonne et peu chère. L'intérêt de tous veut donc qu'on laisse les marchandises *circuler librement,* sans s'occuper des frontières. De cette façon, chaque pays s'applique à produire les objets qu'il peut livrer à meilleur marché qu'aucun

---

1. Voir l'*Économie politique à l'école,* du même auteur.

autre ; et, en revanche, chaque pays achète tout ce dont il a besoin au meilleur marché qu'il soit possible. C'est là ce qu'on nomme le **libre-échange**.

Il y a eu des temps où l'on faisait payer aux marchandises venues des pays étrangers des **droits d'entrée** excessifs ; cela faisait augmenter les prix, et tous les **consommateurs** en souffraient. Seulement, les fabricants français qui produisaient de ces mêmes

Les douanes seigneuriales.

marchandises les vendaient plus cher qu'auparavant. Et cela les enrichissait aux dépens des acheteurs.

Ainsi, vous le voyez, mes amis, il ne faut pas que les droits d'entrée, les **douanes**, comme on les appelle, soient excessifs : ce serait contraire au libre-échange.

Autrefois, du temps de la **féodalité**, le moindre seigneur mettait *des douanes, des* **péages**, *à l'entrée de sa seigneurie :* les marchands ne pouvaient pas faire cinq lieues sans payer des droits. Ainsi, en allant de Besançon à Marseille par Lyon, on était arrêté *quarante fois ;* en arrivant, le prix de la marchandise était doublé, ce qui rendait le commerce impossible.

Aussi, quand la récolte manquait dans un pays, les marchands de blé des autres pays n'avaient même pas l'idée d'apporter leur denrée.

Et voilà comment une mauvaise récolte amenait toujours une famine : tous les quatre ou cinq ans à peu près, il y avait famine, et des milliers de gens périssaient de faim et de misère.

Au contraire, en 1879, en 1880, la récolte a manqué en France ; au lieu de cent millions d'hectolitres de blé qu'il nous faut, la terre ne nous en avait donné que quatre-vingts. Autrefois, cela aurait fait une famine. Mais, grâce au *libre-échange*, les blés de l'Amérique et de la Russie sont arrivés chez nous aussi abondamment qu'il le fallait ; il y en a eu pour tout le monde, et le prix du pain n'a presque pas monté.

PREMIER RÉCIT

HISTOIRE D'UN ATELIER (*Suite*). — *Au Bon Marché.*

Depuis que le chemin de fer arrivait à Cercey (c'est à Cercey, si j'ai oublié de vous le dire, que se passait cette histoire), le bourg avait pris un air d'activité tout à fait nouveau : les gens vendaient mieux leur blé, leurs fromages, leurs légumes, que des marchands venaient leur prendre pour les envoyer à Paris ; il fallait bâtir des boutiques, des auberges.

Tout alentour, les terres en friche étaient mises en culture, les cultivateurs faisaient venir des ouvriers, et le bourg augmentait à vue d'œil.

Tout cela faisait beaucoup de bâtisses, et, par conséquent, beaucoup d'ouvrage pour les menuisiers : maître Francho ne savait comment répondre à toutes les commandes. Ses ouvriers travaillaient à qui mieux mieux, et le rabot avait l'air de voler dans leurs mains. Malgré tout, ils ne suffisaient pas.

Un beau matin, le bruit se répandit dans le bourg qu'un nouveau menuisier allait s'y établir. Il était arrivé la veille, il avait choisi une boutique, et annoncé qu'il reviendrait dans la huitaine. « Un homme rond en affaires, disait l'aubergiste qui l'avait reçu. Vous verrez qu'il saura se débrouiller. Sans compter qu'il a choisi le bon endroit pour s'installer : juste sur la grand'place ! Personne ne pourra venir au marché sans voir son enseigne : avant six mois, tout le canton connaîtra son nom et sa boutique ! »

Dans l'atelier de maître Franche, quand on apprit cette nouvelle, ce fut un beau brouhaha. Une concurrence à Cercey ! Un étranger venir se mesurer avec « l'atelier » ! Les compagnons n'y pouvaient pas croire.

Mais quand, le surlendemain, deux grandes voitures arrivèrent, l'une chargée des établis, des gros outils, et l'autre de meubles ; quand, au bout de cinq jours, une belle enseigne se dressa au-dessus de la nouvelle boutique, avec ces mots en grosses lettres :

AU BON MARCHÉ; Lefrançais, menuisier,

alors il fallut bien y croire. Et presque tout l'atelier fut pris d'indignation. Les compagnons ne pouvaient pas concevoir qu'on eût l'audace de venir leur disputer l'ouvrage, *l'ouvrage de leur bourg.*

On ne parlait plus d'autre chose, le soir, au souper.

Basset, qui était un homme un peu rude, mais qui avait de la droiture et du sens, ne prenait pas part à toutes ces plaintes. Louis lui en fit la remarque un soir.

— Vous ne dites rien, monsieur Basset, lui dit-il. On dirait que vous ne prenez pas les intérêts du patron ?

— Écoute, Va-de-bon-cœur, répondit Basset d'un air fâché ; je t'aime bien d'habitude ; mais si tu veux que nous restions d'accord, tu ne répéteras pas ce que tu viens de dire.

Parce que tu t'indignes contre un homme que tu ne connais pas, et qui vient ici gagner honnêtement sa vie, tu crois défendre les intérêts du patron. Eh bien ! je dis, moi, que l'intérêt du patron n'est pas d'avoir à refuser l'ouvrage et à renvoyer la pratique ; ce n'est pas son intérêt que les clients se découragent de s'adresser à lui, et prennent l'habitude de porter leurs commandes à la ville, où ils finiront par aller tous. Ce n'est pas son intérêt surtout que, chez lui, on parle mal de ses concurrents, comme si l'on ne se sentait pas capable de faire aussi bien qu'eux.

DEUXIÈME RÉCIT

HISTOIRE D'UN ATELIER (*Suite*). — *La concurrence est l'âme du progrès.*

— Bien dit, mon brave Basset, s'écria maître Franche en serrant la main de son contremaître.

Voyez-vous, enfants, vous commenciez à me chagriner avec votre manière de dénigrer la concurrence, et je pensais bien qu'il s'en trouverait parmi vous pour remettre les autres dans le vrai.

Oui, Basset a raison : *une bonne maison ne doit jamais avoir peur des concurrents.* Nous sommes connus à Cercey ; on sait que nous travaillons au plus juste prix ! si le concurrent essaie de faire à meilleur marché, cela ne durera pas longtemps, et nous n'aurons qu'à patienter, en attendant qu'il se lasse de manger ses écus.

Il a de bons ouvriers, dit-on, mais nous ne sommes pas non plus manchots. Et s'il apporte, comme je l'ai entendu dire aussi, des outils nouveaux, eh bien ! je m'informerai, et nous aurons vite les pareils. *La concurrence est l'âme du progrès.*

Et puis, ce n'est pas tout. Vous vous fâchez contre cet homme ; mais est-ce qu'il n'est pas dans son droit? Est-ce que tout citoyen français n'est pas libre d'aller et de venir, de faire le métier de son choix, et d'offrir son travail et son industrie à qui en veut?

Toi, Louis, par exemple, tu voudrais peut-être qu'on empêche M. Lefrançais de venir monter une boutique de menuiserie à Cercey? Tu préférerais qu'on fît comme dans l'ancien temps, où les patrons de chaque métier avaient le droit d'interdire leur profession à qui ils voulaient?

Eh bien! sais-tu ce que tu demandes? Tu demandes tout simplement à être privé du salaire auquel tu as droit?

— Comment cela, monsieur?

— Écoute : tu e. apprenti depuis deux ans. Si nous étions encore sous l'ancien régime, il t'en faudrait encore deux pour devenir compagnon. Tu as appris à manier la varlope, la gouge et le maillet : eh bien! tu n'aurais pas seulement touché encore le manche d'un outil. Enfin, tu aurais à me payer ta nourriture comme apprenti. Tandis que je vais te faire ouvrier, et, à compter de demain, tu toucheras vingt sous par jour, sans parler de tes repas, et en attendant mieux. Ne me remercie pas : tu les gagnes déjà.

Louis était tout rouge de surprise et de contentement ; il ne savait comment remercier le patron. Les camarades se mirent à le féliciter, car il s'était fait aimer d'eux.

On but ce soir-là une bonne bouteille à la santé du nouveau compagnon et à la prospérité de la maison. Basset plaisanta Louis, lui disant :

— Eh bien! Va-de-bon-cœur, que dis-tu du nouveau régime? Il a du bon, n'est-ce pas, malgré la concur-rence?

TROISIÈME RÉCIT

HISTOIRE D'UN ATELIER (*Suite*). — *Quel rapport il peut y avoir entre le prix d'un déjeuner et un empereur.*

Chez maître Franche, le déjeuner de huit heures se composait invariablement d'une solide soupe aux légumes ; mais le dimanche, il y avait un peu d'extra : on pouvait choisir entre la soupe et le café au lait. Louis était un des fidèles du café au lait. Un dimanche matin, qu'il venait de s'installer devant son grand bol et qu'il en respirait la bonne odeur sucrée et nourrissante, tout en préparant ses tranches de pain, maître Franche lui dit d'un air un peu moqueur :

— Hein ? garçon, voilà un déjeuner qui vient de loin. C'est cela qui donne à réfléchir.

— Ma foi, patron, dit Louis bonnement, je ne songeais guère à cela. Je trouvais seulement que mon café au lait sent bon. Mais que dites-vous donc là, que ce déjeuner vient de loin ?

— Certainement, Louis, il vient de loin, tu connais cela mieux que moi. Voyons, est-ce que je ne sais pas ce que l'on t'apprend aux *cours du soir*, et ce que tu lis dans tous ces livres de géographie que te prête M. Simonnot l'instituteur ? Tiens, réponds-moi : sais-tu d'où vient ce pain ?

— Mais de la boulangerie, je suppose, patron.

— Oui, et du moulin aussi. Mais le blé qui a fourni la farine, où a-t-il passé ? Tu ne sais pas ; eh bien ! il vient de Russie. La récolte a manqué l'an dernier, dans notre canton et dans pas mal d'autres. Les boulangers se sont adressés alors, les uns à Marseille, les autres au Havre pour en avoir. Celui qu'on a envoyé de Marseille venait d'Odessa, et avait poussé en Bessarabie, un pays russe comme tu sais. Celui qui arrive du Havre, on l'avait tiré d'A·ique, de Chicago, dans les États-Unis. Et ton café

— Ah! pour le café, je sais d'où il vient. C'est du *Bourbon*, il vient de l'île Bourbon ou la Réunion, qui est une île africaine, au nord de Madagascar, dans la mer des Indes.

— En voilà un qui a voyagé. Et ce sucre?

— Pour le sucre, patron, c'est plus difficile à savoir; si c'est du sucre de betterave, il vient peut-être du département du Nord, ou bien du Pas-de-Calais. Si c'est du sucre de canne, alors il vient des colonies, ou bien du Brésil, ou de l'Inde, de quelque pays chaud enfin.

— Ce n'est pas près d'ici, en tout cas. Et pour faire pousser ce café, il a fallu des ouvriers, n'est-ce pas?

— Oui, patron, des nègres; car il n'y a guère qu'eux qui puissent travailler sous le grand soleil des tropiques.

— Et pour le sucre, de même, probablement? Et pour porter ce blé, ce sucre et ce café à un vaisseau, pour les charger, pour conduire le vaisseau jusqu'en France, et enfin pour amener les denrées jusque chez M. Liard, l'épicier de la grand'place, il en a fallu des hommes, et des portefaix, et des matelots avec leur capitaine, et des employés du chemin de fer, et des voituriers, et enfin des garçons d'épicerie pour le brûler et le vendre! Voilà bien des gens employés pour ton déjeuner, Va-de-bon-cœur. Les cinq parties du monde y ont mis du leur; des travailleurs par centaines et par milliers ont peiné pour toi. Tu es donc un Crésus, pour faire marcher tout ce monde à tes ordres?

QUATRIÈME RÉCIT

HISTOIRE D'UN ATELIER (*Suite*)

— Dame! patron, vous le savez mieux que moi, si je suis un Crésus, puisque c'est vous qui nous payez ce luxe.

— Un vrai luxe, en effet. Voici la note des frais: tu vas compter avec moi. J'écris sur mon ardoise:

Lait. Un litre de 0 fr. 20 suffit pour trois, ce qui fait, pour chaque part, 7 centimes, ci. . . . . 7 cent.

Café. La livre de 3 francs fait 24 tasses, à ce que dit ma femme, ce qui fait pour une tasse : 15 centimes. Mais tu n'en mets que la moitié d'une tasse dans ton lait, soit. . . . . 7 —

Sucre. La livre de 60 centimes donne 60 morceaux; tu en prends 3, ce qui fait. . . . . . 3 —

Pain. Tu es mangeur de pain, comme tout bon Français; il t'en faut presque une demi-livre, soit. . . . . 8 —

Budget d'un déjeuner. . . . . 25 cent.

25 centimes, 5 sous! C'est avec ces 5 sous que tu payes les nègres de l'île Bourbon et du Brésil, les laboureurs de Bessarabie, les matelots et les capitaines de vaisseau, les employés des chemins de fer, les voituriers, les garçons d'épicerie. 5 sous, c'est à peu près une heure de ton travail. Avoue que ce n'est pas trop cher?

— Franchement, non, monsieur. Le commerce est une belle chose.

— Oui, mon garçon, et surtout la liberté du commerce. Si tu avais vécu, comme mon père, au temps de **Napoléon Ier** et du *blocus continental,* tu t'en serais aperçu. Pour arrêter le commerce des Anglais, il s'était mis en tête de faire payer des droits de douane terribles aux denrées coloniales qui venaient par leurs navires. Le café payait 2 francs d'entrée par livre, ce qui le mettait à 5 francs; le sucre juste autant, ce qui le mettait à 3 francs la livre.

Non content de cela, il finit par *prohiber* les denrées anglaises : tous ceux qui voulaient en faire entrer étaient arrêtés comme fraudeurs, amenés devant des tribunaux qu'on appelait *cours prévôtales* pour crimes de contrebande et envoyés aux travaux forcés. Quant aux denrées, on les brûlait.

Avec ces beaux moyens, on réussit à faire monter le café à 10 francs la livre, le sucre à 6 et les autres marchandises à proportion. Dans ce temps-là, un déjeuner comme celui que tu viens de faire aurait coûté :

Pour le pain. . . . . 6 cent.
Pour le lait. . . . . 4 —
Pour le sucre. . . . . 32 —
Pour le café. . . . . 23 —

65 cent.

A ce prix-là, mon garçon, tu n'aurais pas connu le goût du café au lait ni de beaucoup d'autres bonnes choses.

— Décidément, patron, M. Simonnot avait raison de le dire l'autre soir, *dans la leçon d'Économie politique*, il n'y a rien de mieux que la liberté du commerce, le libre-échange entre tous les pays, pour mettre la vie à bon marché.

RÉSUMÉ

1. On ne peut faire bien qu'un métier à la fois. A chacun son métier, l'ouvrage sera bien mené.
2. Chez les sauvages, chacun est obligé de faire tous les métiers pour suffire à tous ses besoins.
3. Le progrès de l'industrie se fait par la division du travail.
4. Tout Français est libre de choisir son métier : c'est ce qu'on appelle la liberté du travail.
5. Pour choisir un métier, il faut consulter ses capacités plus que son goût.
6. Sous la royauté, la liberté du travail n'existait pas.

7. Il fallait payer pour être reçu comme apprenti, payer pour devenir compagnon, payer et faire un chef-d'œuvre pour devenir maître. Les corporations ne vous recevaient que contre argent comptant.

8. Les maîtres n'avaient le droit d'exercer qu'un métier, sans empiéter sur le métier voisin. Un cordonnier ne pouvait raccommoder sa chaussure sans avoir procès avec les savetiers.

9. Il était défendu d'inventer, sous peine de voir la police brûler l'invention.

10. Turgot voulut abolir les jurandes et les maîtrises ; mais Louis XVI n'eut pas le courage de le soutenir.

11. C'est la grande Révolution qui a établi la liberté du travail : tous les ouvriers doivent la bénir.

12. Sans le commerce il faudrait que chacun produisît tous les objets dont il a besoin ; il n'y aurait plus de division du travail, plus de progrès dans l'industrie.

13. La liberté du commerce consiste à acheter ce qu'on veut, à qui l'on veut, moyennant un prix débattu librement.

14. Lorsqu'un marchand ou un ouvrier veut vendre trop cher ses denrées ou ses services, la concurrence arrive et le force à abaisser ses prix ou à perdre sa clientèle.

15. La concurrence entre pays étrangers se nomme libre-échange.

16. Quand les droits de douane sont trop forts, ils empêchent le libre-échange, et cela fait

monter le prix des denrées : tout le monde en souffre.

17. Sous la féodalité, il y avait des péages à chaque pas : de Besançon à Marseille, on en rencontrait quarante.

18. Ces péages d'autrefois empêchaient le blé de circuler, ce qui amenait des famines. Aujourd'hui, le commerce rend les famines presque impossibles.

EXERCICES ORAUX OU ÉCRITS

1. Pourquoi chacun ne peut-il faire qu'un métier?
2. Chez les sauvages en est-il ainsi?
3. Comment se fait le progrès de l'industrie?
4. En quoi consiste la liberté du travail?
5. Qui faut-il consulter pour choisir un métier?
6. A quelle époque la liberté du travail n'existait-elle pas?
7. Comment devenait-on apprenti, compagnon, patron?
8. Combien un maître pouvait-il exercer de métiers?
9. Favorisait-on les inventeurs?
10. Qui voulut abolir les maîtrises? — Pourquoi ne réussit-il pas?
11. Qui a établi la liberté du travail?
12. Sans le commerce qu'arriverait-il?
13. En quoi consiste la liberté du commerce?
14. A quoi sert la concurrence?
15. Quand la concurrence se fait entre pays étrangers, comment se nomme-t-elle?
16. Quand les droits de douane sont trop forts, qu'arrive-t-il?
17. Quand est-ce qu'il y avait beaucoup de péages? — Combien de Besançon à Marseille?
18. Quel est l'effet des péages sur les famines? — Pourquoi les famines sont-elles devenues presque impossibles?

Devoirs de rédaction

1. Exposez dans une lettre à un camarade quel est le métier que vous préférez, et donnez vos raisons.

2. Comparez la carrière d'un apprenti qui devient patron, avant la Révolution et aujourd'hui.

3. Peut-on empêcher la liberté du commerce? — Si on y réussissait, cela serait-il d'un bon effet?

4. Racontez ce qu'était le blocus continental? Montrez comment il avait augmenté la cherté de toutes choses.

CHAPITRE X

LE TRAVAIL ET LE CAPITAL

PREMIÈRE LEÇON

L'OUVRIER ET LE PATRON

Quand plusieurs hommes travaillent à une même entreprise, il faut qu'il y en ait un qui commande : on le nomme le **patron** ou le **contremaître**. Le plus souvent le patron ne se borne pas à diriger les ouvriers, il leur **fournit** encore un atelier, des machines, des outils; il s'occupe de **trouver des commandes** pour les faire travailler; il leur **paye** leur travail toutes les quinzaines, bien souvent avant d'avoir trouvé le placement des marchandises qu'ils ont faites, et presque toujours avant d'avoir touché le prix de ses ventes : *c'est comme s'il leur faisait des* **avances,** car sans lui il leur faudrait attendre d'abord que les clients viennent, et ensuite qu'ils payent.

Le **patron** *met donc dans l'entreprise commune son intelligence et son argent.* **L'ouvrier** *y met son travail.*

Un ouvrier n'est jamais forcé de se placer chez un patron. Mais une fois qu'il l'a fait, il lui doit l'**obéissance** et le **respect** *dans toutes les choses qui concernent son travail.*

Le patron, de son côté, doit à l'ouvrier le **salaire** ou payement convenu; il lui doit aussi le respect, car **tous les hommes sont égaux.**

C'est au patron et à l'ouvrier de débattre entre eux leur prix en toute liberté.

Si les ouvriers d'un métier trouvent que les patrons ne les payent point assez, il leur est permis de s'entendre, de former, comme on dit, une **coalition,** pour demander davantage.

Si les patrons refusent, les ouvriers peuvent refuser aussi le travail, pourvu, naturellement, qu'ils exécutent d'abord leurs engagements, par exemple, qu'ils finissent leur huitaine ou leur quinzaine, dans les métiers où c'est l'usage. Cette condition une fois remplie, ils ont le droit de se mettre en **grève.**

Seulement, s'il y a d'autres ouvriers qui ne soient pas de l'avis des premiers, ils sont bien libres de continuer le travail, d'accord avec les patrons, au prix qu'il leur plaît : **le travail est libre.** Si ceux qui font grève essayaient par la violence d'empêcher les autres de travailler, *la loi les punirait d'un emprisonnement qui pourrait durer jusqu'à trois ans,* sans parler d'une *amende de 3,000 francs* au plus.

De leur côté, les patrons ont le droit de ne donner l'ouvrage qu'au prix qu'ils jugent convenable ; personne ne peut les forcer de payer plus qu'ils ne veulent, de même que personne ne peut forcer un ouvrier de faire le travail à un prix qu'il ne juge pas suffisant.

Les grèves occasionnent des moments de **chômage,** c'est-à-dire des moments où l'on ne travaille plus. **Tout le monde y perd :** les ouvriers d'abord, puisqu'ils ne gagnent plus de salaires, et les patrons aussi, parce qu'ils ne peuvent plus exécuter les commandes et que *la clientèle prend l'habitude de s'adresser ailleurs.*

Il faut donc éviter les grèves, c'est l'intérêt de tout le monde. Pour cela, il y a un bon moyen, qui a réussi en Angleterre aux ouvriers des mines et à leurs patrons. Voici ce moyen :

Les ouvriers d'une mine choisissent quatre ou cinq d'entre eux, les plus raisonnables et les plus expérimentés, et les nomment leurs délégués; les patrons en font autant de leur côté. Les délégués se réunissent, et leur réunion s'appelle la *Commission des arbitres :* ces arbitres sont chargés d'arranger les difficultés qui peuvent naître entre les patrons et les ouvriers.

Ils font encore mieux : au lieu d'attendre que les disputes surgissent au sujet du prix de l'ouvrage, tous les trois mois ils se réunissent et discutent entre eux le salaire qu'il faudra donner aux ouvriers. Comme ils le font en toute conscience, chacun se fie à eux, et on se soumet volontiers à leur avis.

De cette façon, il n'y a *pas de grève, pas de chômage;* les ouvriers sont payés équitablement, les clients sont sûrs que leurs commandes seront livrées au jour dit, les patrons gagnent, et par-dessus le marché *tout le monde vit en bon accord.*

DEUXIÈME LEÇON

LA PROPRIÉTÉ ET L'ÉPARGNE

Quand un homme a travaillé, si quelqu'un venait lui enlever le fruit de son travail, vous crieriez : *Au voleur!* et vous aideriez de toutes vos forces à l'arrêter pour rendre à l'autre ce qu'on lui aurait pris.

Vous auriez raison : en effet, *chacun est maître des fruits de son travail.* Ils sont sa **propriété :** il peut en disposer à sa guise, les donner, les consommer, les détruire même.

Il peut aussi les mettre en réserve pour plus tard, les **épargner.** Les choses épargnées se nomment encore un **capital;** ainsi les grains que le cultivateur serre pour ses semailles de l'année prochaine sont un capital; l'argent que l'ouvrier économise pour s'acheter un outil est un capital; l'outil lui-même, une fois acheté, est un capital.

Tous ceux qui épargnent sont des **capitalistes,** c'est-à-dire propriétaires d'un capital.

Personne, mes enfants, n'est propriétaire que de ce qu'il a amassé par son travail et son épargne.

— Pourtant, monsieur, est-ce qu'il n'y a pas des gens qui ont des propriétés sans avoir travaillé? Voilà M. Dupontville; on dit que son père lui a laissé pour 500,000 francs, rien qu'en biens-fonds? Ce n'est pas lui qui les a amassés, pour sûr : mon oncle Antoine disait encore l'autre jour que jamais il n'avait fait œuvre de ses dix doigts.

— C'est vrai, mon petit Paul. Il y a des gens qui, pour se trouver riches, n'ont eu que la peine de naître. Mais c'est que le premier propriétaire de ces richesses, celui qui les avait amassées par le travail et l'épargne, les leur a données en cadeau. Celui qui est propriétaire est bien maître de donner son bien à qui il lui plaît, tandis qu'il est vivant. Pourquoi ne serait-il pas maître également de le donner au moment de sa mort, de le **léguer,** comme on dit?

D'abord, si on essayait de le lui défendre, il saurait bien s'arranger avec la personne à qui il veut laisser son bien : par exemple, il ferait semblant de le lui donner tout de suite, et il en garderait quand même la jouissance jusqu'à sa fin. Ou bien, si cela était impossible, quand il verrait sa fin approcher, il gaspillerait ses biens plutôt que de n'en faire profiter personne.

Et enfin, sans aller si loin, pas un homme ne se donnerait la peine d'amasser du bien, s'il n'était pas sûr, en cas de mort, de le laisser aux siens pour leur rendre la vie plus facile. *Il n'y aurait plus d'épargne, plus de capital nulle part* : ce qui serait un grand mal public.

Vous voyez donc *qu'il faut respecter la propriété,* même chez ceux qui l'ont reçue sans avoir travaillé ; car c'est comme si vous respectiez la volonté de ceux qui leur ont légué leurs biens.

PREMIER RÉCIT

HISTOIRE D'UN ATELIER (*Suite*). — *La grève au* Bon Marché

M. Lefrançais, le concurrent de notre ami Franche, avait amené avec lui ses ouvriers. Au commencement, il les payait comme à la ville, d'où il les avait tirés, 4 francs et 4 fr. 50 par jour. Mais au bout de quelque

Les ouvriers de M. Lefrançais se mirent en grève.

temps, il s'aperçut que les pratiques ne le payaient pas, lui, sur le pied des prix de la ville ; que, s'il marchait de ce train, il ne tiendrait pas longtemps boutique ouverte à Cercey.

Il prit donc un grand parti ; et, un beau jour, il prévint ses ouvriers qu'il allait encore les payer à l'ancien prix pendant une quinzaine, mais qu'au bout de ce temps, il serait obligé de les mettre à 3 fr. 50, en comptant là dedans la nourriture pour 1 fr. 65, comme chez le père Franche.

Eux se fâchèrent, déclarèrent qu'ils n'accepteraient pas le nouveau tarif, et en effet, la quinzaine écoulée, comme M. Lefrançais refusait de revenir sur sa décision, ils se mirent en grève.

Cela marcha assez bien pendant une quinzaine : la moitié d'entre eux avaient quelques économies, et les autres trouvèrent un peu de crédit chez les fournisseurs, parce qu'on les connaissait à peu près tous pour des garçons rangés et honnêtes ; mais économies et crédit s'usèrent vite. Le bruit se répandit que M. Lefrançais avait prié un de ses amis de la ville de lui trouver des ouvriers, qu'on lui en avait indiqué plusieurs et qu'il allait partir pour les embaucher.

Alors, ils vinrent, l'oreille un peu basse, demander à rentrer au *Bon Marché*. M. Lefrançais les accueillit bien, et ils reprirent leur place à l'établi, excepté deux qui étaient allés offrir leurs bras chez maître Franche ; celui-ci les avait acceptés, car sa boutique prospérait et il était à court de monde, sans compter que ces deux-là étaient d'excellents ouvriers.

M. Lefrançais les regretta, et l'atelier souffrit de leur départ, comme aussi de la grève, car plusieurs clients, qu'il avait été obligé de refuser faute d'ouvriers, étaient retournés porter leurs commandes à maître Franche. Le commerce de M. Lefrançais eut bien du mal à se remettre de ce mauvais coup.

DEUXIÈME RÉCIT

HISTOIRE D'UN ATELIER (*Fin*). — *Les ouvriers capitalistes*

Maître Franche commençait à se faire vieux : lui qui avait toujours été courageux, parlait quelquefois de prendre du repos. Si seulement il avait eu assez d'argent de côté pour payer le pain de ses vieux jours! Mais ses économies n'étaient pas suffisantes pour lui permettre de vivre, avec sa femme, sans rien gagner.

Dans les petites villes, tout se sait. Au bout de quelques jours, M. Lefrançais venait trouver maître Franche, et lui proposait d'acheter son fonds de boutique avec la clientèle : il lui offrait 5,000 francs.

— Vous n'aurez qu'à les placer en viager, lui dit-il. Vous avez soixante-cinq ans, vous trouverez toujours bien 500 francs de rente.

— Mon fonds et ma clientèle ne sont pas à vendre, répondit maître Franche; ils n'appartiennent pas à moi seul. Mes ouvriers m'ont aidé à faire ma boutique ce qu'elle est : ils en ont leur part, de droit.

M. Lefrançais s'en alla. Les ouvriers, qui avaient entendu la réponse de leur patron, étaient tout émus de l'amitié qu'il leur prouvait. Pendant toute la journée maître Franche les vit causer entre x; Basset ne cessait d'appeler Louis, et Louis ne cessait de faire sur l'ardoise des calculs qu'il apportait ensuite à Basset.

Le soir, après le dîner, où tout le monde avait été extraordinairement silencieux et sérieux, Basset prit la parole de son air le plus grave, et s'adressant au patron :

— Maître Franche, dit-il, les camarades et moi nous avons entendu comment vous avez parlé de nous aujourd'hui, et nous vous en remercions. Seulement, par amitié pour nous, vous voulez vous priver de repos sur vos vieux jours. Cela ne peut pas se passer ainsi : n'est-ce pas, compagnons?

— Non! dirent en chœur les ouvriers. Cela ne peut pas se passer ainsi.

— Voici donc ce que nous avons pensé, poursuivit Basset. Nous allons vous acheter la boutique, nous, vos ouvriers. Vous n'avez pas voulu la vendre à un étranger; mais peut-être qu'à nous, vous ne nous la refuserez pas. On vous a offert 5,000 francs; nous vous les offrons aussi. Seulement... seulement, ces 5,000 francs, nous ne les avons pas.

— C'est vrai, soupirèrent les compagnons, nous ne les avons pas.

— Mais nous vous payerons tout de même. M. Lefrançais parlait de 500 francs de rente viagère. Pourquoi est-ce que nous ne vous payerions pas en rente viagère?

Nous vous donnerions 500 francs par an, et la moitié plus tard à madame Franche, si le malheur veut qu'elle s'appelle un jour madame veuve Franche. Quant aux outils, dont M. Lefrançais ne parlait pas, nous vous en donnerons 1,000 francs, payés comptant. Voilà ce que j'avais à vous dire de la part des camarades. Maintenant, patron, à vous de décider.

— Mes amis, dit maître Franche, vous agissez avec moi comme pourraient le faire mes propres enfants, si j'avais le bonheur d'en avoir. J'accepte de tout mon cœur; je vous cède tout : le fonds, les outils, et les pratiques. Je vous demande seulement une chose : c'est une place à l'établi, pour continuer de vivre avec vous, et pour ne pas quitter tout à fait le rabot.

— Sans compter, patron, que nous aurons plus d'une fois besoin de vos conseils. Sans vous flatter, il n'y en a pas un parmi nous qui aille à votre cheville pour la menuiserie.

Maître Franche sourit, tout satisfait du compliment. L'affaire conclue fut réglée devant notaire.

Il y avait dix ouvriers dans l'atelier de maître Franche : ils devinrent propriétaires à eux dix de la boutique. Chacun s'engagea à payer 100 francs comptant, plus 50 francs de rente viagère à maître Franche.

Les deux nouveaux seuls n'avaient pas d'économies. Basset leur avança l'argent nécessaire. Tous, d'un commun accord, le prirent pour chef, et ils se mirent à travailler ensemble, à **coopérer**, comme on dit.

Au bout de six mois, l'un des deux nouveaux avait remboursé Basset. Quant à l'autre, du jour où il s'était vu sans patron, il s'était cru le droit de flâner; il devint dépensier et ne put s'acquitter. D'un commun accord, on décida qu'il sortirait de l'association ; il partit, et sa part resta à Basset, comme de juste, puisqu'il en avait avancé le prix.

Les neuf restants n'en travaillèrent que plus dur. Basset sut bien administrer leur affaire. J'ai visité

Le vieux père Franche se persuade qu'il est leur grand-père.

l'atelier aux vacances dernières, en passant par Cercey : jamais je ne le vis plus prospère. Chaque ouvrier, à la fin de l'année, a sa part de bénéfices, et elle est assez belle pour faire envie à plus d'un patron. Quatre d'entre eux sont mariés : ils ont de beaux petits enfants, et le vieux père Franche se persuade qu'il est leur grand-père, tant il les aime.

RÉSUMÉ

1. Quand plusieurs hommes travaillent à un même ouvrage, il faut que l'un commande : c'est le patron ou le contremaître.

2. Le patron fait encore autre chose : il fournit l'atelier et les outils ; il procure les commandes ; il fait des avances aux ouvriers en les payant avant que leur ouvrage ne soit vendu et payé.

3. Le patron met dans l'entreprise son intelligence et son argent : l'ouvrier y met son travail.

4. L'ouvrier doit l'obéissance au patron dans le travail.

5. Le patron doit le salaire à l'ouvrier.

6. Le patron et l'ouvrier sont égaux devant la loi.

7. Les ouvriers peuvent se mettre en grève pour faire augmenter leur salaire.

Mais ils ne doivent forcer personne à se mettre en grève avec eux, sous peine de prison et d'amende.

8. Les patrons ont aussi le droit de se mettre en grève.

9. Les grèves amènent le chômage et éloignent la pratique. Elles font plus de mal que de bien.

10. Mieux vaudrait s'entendre, comme en Angleterre, et nommer des arbitres qui fixeraient à l'amiable le salaire des ouvriers.

11. Chacun est propriétaire des fruits de son travail : il peut en user et en abuser à sa guise.

12. S'il les épargne, cela lui fait un capital, et lui-même se nomme capitaliste.

13. Le propriétaire peut léguer ses biens en mourant, comme il peut les donner de son vivant.

14. L'héritier est légitime propriétaire des biens à lui légués, bien qu'il n'ait pas travaillé

pour les avoir. Il faut respecter en lui la volonté du défunt.

15. Si l'on n'avait pas le droit de léguer ses biens, on les gaspillerait, ou plutôt on n'en amasserait pas.

16. Ce serait un malheur public, si personne n'épargnait, et s'il n'y avait pas de capitaux.

EXERCICES ORAUX OU ÉCRITS

1. Quand plusieurs hommes travaillent au même ouvrage, que faut-il?
2. Examinez les services que rend le patron?
3. Que mettent dans l'entreprise le patron et les ouvriers?
4. Qu'est-ce que l'ouvrier doit au patron?
5. Qu'est-ce que le patron doit à l'ouvrier?
6. Le patron et l'ouvrier sont-ils égaux?
7. Que peuvent faire les ouvriers pour se faire augmenter? — Qu'arrive-t-il s'ils forcent des camarades à se mettre en grève avec eux?
8. Quel est le droit des patrons?
9. Quels sont les effets des grèves?
10. Comment fait-on en Angleterre pour les éviter?
11. De quoi chacun est-il propriétaire?
12. Qu'est-ce qu'un capital? — Un capitaliste?
13. Que peut faire le propriétaire en mourant?
14. L'héritier est-il légitime propriétaire? — Que faut-il respecter en lui?
15. Qu'arriverait-il si on ne pouvait pas léguer ses biens?
16. Est-il à souhaiter que personne n'épargne, et qu'il n'y ait plus de capitaux?

Devoirs de rédaction

1. Racontez l'histoire d'une grève; montrez quel tort elle a causé; faites voir comment on aurait pu s'entendre à l'amiable et plus avantageusement.

2. Qu'est-ce que c'est que l'épargne, le capital, la propriété? — Racontez l'histoire d'une personne qui, par l'épargne, est devenue un capitaliste et un propriétaire.

3. Faites voir que le capital est l'instrument nécessaire de tous les progrès. Citez des exemples.

CHAPITRE XI

LE RESPECT DES PERSONNES, DES PROPRIÉTÉS, DES CONSCIENCES

PREMIÈRE LEÇON

L'ÉGALITÉ DES HOMMES. — L'ESCLAVAGE

— Lorsque vous aurez passé votre vingtième année, que vous serez vigoureux, instruits des choses nécessaires, munis d'un métier, alors, mes amis, vous entrerez dans une phase toute nouvelle de la vie. Vous ne serez plus ni des enfants, ni des écoliers, ni des apprentis. Vous serez... voyons, Jacques, vous avez envie de le dire : expliquez votre idée.

— Monsieur, nous serons **majeurs**.

— Pas trop mal répondu, mon petit ami. Oui, vous serez majeurs. Mais cela ne nous dit pas encore *ce que vous aurez à faire*, ni quel changement se sera accompli dans votre position.

Eh bien ! voici : vous serez des **hommes**, et vous serez des **citoyens**. Retenez bien ces deux mots.

Un citoyen, c'est celui qui fait partie d'une **nation**, qui en accepte les **lois**, qui est prêt à en défendre les **droits** et le **territoire** contre l'étranger ; enfin, qui contribue aux dépenses publiques en payant sa portion. d'**impôts**. Un *bon citoyen* est celui qui sert bien son pays, et qui l'honore : il n'est rien de plus beau que de mériter ce titre.

Mais vous apprendrez tout cela plus en détail dans votre livre d'instruction civique.

Pour aujourd'hui, j'ai à vous expliquer ce que c'est que d'être un homme.

Un **homme** *est celui qui appartient de cœur à l'hu-*

manité, *comme le citoyen appartient à sa cité, à sa nation.* Un homme digne de ce nom **respecte** tous ses semblables, comme ses **égaux.** Il est disposé à les **aimer** tous comme ses **frères.**

— Monsieur, j'ai lu dans le beau livre que vous avez donné en prix d'honneur à mon frère Jules, le *Tour du monde,* qu'il y a des **sauvages** tout à fait abrutis. Ainsi ceux de la *Terre-de-Feu*[1] ne savent même pas se bâtir des cabanes; ils font des trous en terre pour s'abriter, comme des bêtes; ils laissent périr de faim les trois quarts de leurs enfants, et quand leurs parents sont vieux, ils les assomment ou les font mourir de besoin. Est-ce que ces sauvages-là sont nos égaux? Est-ce qu'il faut les respecter?

— Oui, certes, mon enfant, toutes les fois du moins qu'ils ne font tort ni à nous, ni à aucune autre personne humaine : la **justice** le veut.

D'abord, songez-y, ces pauvres êtres sont à plaindre autant qu'à blâmer. Ils n'ont pas eu comme vous le bon exemple; ils ont vécu de misère, tiraillés par la faim quatre-vingt-dix-neuf jours sur cent, et puis, gorgés de nourriture malsaine, crevant d'indigestion, quand par hasard la chasse ou la pêche avait donné : car ils ne savent rien garder pour le lendemain.

Je voudrais voir des hommes civilisés soumis à ce régime-là! Ils ne vaudraient guère mieux que les sauvages. Sur le radeau de la *Méduse*[2], les naufragés parlaient de se manger les uns les autres, ni plus ni moins que des Papous[3] affamés.

---

1. Ile de l'Amérique du sud, découverte par Magellan en 1520.

2. Ce vaisseau fit un naufrage tristement célèbre dans les annales maritimes, le 2 juillet 1816 sur le banc d'Arguin, à quarante lieues de la côte d'Afrique. Une partie des naufragés se sauvèrent sur un radeau, après des souffrances inouïes.

3. Habitants de la Papouasie, appelée aussi *Terre des Papous,* ou Nouvelle Guinée.

DEUXIÈME LEÇON

L'ESCLAVAGE EST INEXCUSABLE

Vous parlez des habitants de la Terre-de-Feu : eh bien ! justement, il est arrivé qu'en 1830 le capitaine du vaisseau anglais *le Beagle*, M. Fitz-Roy, prit à son bord trois de ces sauvages, un vieux et deux enfants. Il les emmena en Angleterre, où ils furent examinés par le savant naturaliste Darwin, qui les réaccompagna dans leur pays.

Le vieux était triste, silencieux, assez méchant : tout ce qu'on put lui dire ou lui faire ne le changea pas, *son caractère était fait.* Mais les jeunes se formèrent très vite : ils devinrent propres, gais, serviables, et se firent aimer de tous ceux qui les approchaient ; ils montraient de la facilité pour apprendre, de l'honnêteté, du goût pour la vie sociable. *Trois ans de séjour dans un pays civilisé avaient suffi pour en faire des êtres dignes de vivre dans notre société.*

Ne nous figurons donc pas, ni que nous soyons si supérieurs aux sauvages, ni qu'ils soient si incapables de s'élever jusqu'à nous, avec du temps.

Au surplus, *c'est à force de rabaisser les sauvages, qu'on finit par les croire* **nés pour l'esclavage.** Avec ce beau prétexte, on les vole comme font les **traitants** en Afrique, on trafique d'eux, on les fait travailler comme des bêtes de somme, on les écrase de coups, on les martyrise, et on dit : *Ce sont des sauvages : ils sont faits pour cela.* C'est bien une des plus abominables paroles que l'homme puisse proférer.

Tous les peuples civilisés ont fini par le reconnaître : **la France** *a délivré tous les esclaves de ses colonies en 1848,* et les États-Unis d'Amérique ont libéré les leurs il y a quinze ans, malgré la résistance des *propriétaires de chair humaine,* qui ont fait une affreuse guerre civile pour essayer de conserver leurs esclaves.

Aujourd'hui, partout où règne la civilisation européenne, *tout homme est libre de son corps.*

— Mais, monsieur, et ceux qu'on met en prison ?

— D'abord, on n'en fait pas des esclaves : on les met hors d'état de faire du tort ou du mal aux artres, voilà tout. Ensuite, écoutez bien ceci :

Chaque homme est maître d'aller et de venir, et de faire ce qu'il veut : c'est là son **droit**. Mais si quelqu'un abuse de cette liberté pour m'empêcher, moi, d'agir de mon côté comme je veux, *il viole mon droit à moi :* et par conséquent il dépasse le sien ; car **il n'y a point de droit contre le droit.**

Dans ce cas-là, je peux me protéger contre cet homme ; je le dois même, car si on ne l'arrêtait pas, il prendrait l'habitude de violer les droits des autres, surtout ceux des faibles.

Vous le voyez, mes enfants, *chacun est libre, à la seule condition de ne pas attenter à la liberté d'autrui.*

TROISIÈME LEÇON

LE RESPECT DES PERSONNES

— Mes enfants, je n'ai pas besoin de vous apprendre que vous devez respecter la vie et les biens de vos semblables. Le **meurtre** et le **vol** sont des **crimes** ; les lois les punissent, et les autorités, les gendarmes, les juges se chargent de faire exécuter ces lois-là.

Mais pour vous expliquer ces choses, il faudrait commencer par vous dire ce que c'est que la loi, comment on fait les lois, et pourquoi il faut y obéir. Tout cela, c'est *l'instruction civique,* et nous en parlerons plus tard.

En attendant, vous comprenez par vous-mêmes que si on se mettait à ne plus respecter la personne et la pro-

priété de chacun, *on ne pourrait plus vivre ensemble.*
Tout le monde serait sur le qui-vive ; et ce serait *la
guerre de tous contre tous*, comme chez les sauvages.
Et même ce serait pire, puisque eux au moins, ils mé-
nagent ceux de leur tribu.

Un homme qui en frappe un autre n'est plus un
homme : c'est une bête brute.

Le meurtre et le vol sont des crimes punis.

Vous avez quelque chose à dire, Jacques ? Il faut
parler, mon enfant.

— Alors, monsieur, si un mauvais homme vous
attaque la nuit, par exemple, pour vous voler, il faut
donc se laisser faire ?

— Bien certainement, non. Ce serait trop commode
pour les coquins. Quand on vous attaque, il faut re-
pousser l'attaque. C'est ce qu'on appelle **le droit de
légitime défense.** C'est même plus qu'un droit : on
a le devoir de se défendre, quand ce ne serait que pour
ne pas encourager les brigands. Si, chaque fois qu'ils
essayent d'attaquer un brave homme, ils avaient à s'en
repentir, ils se dégoûteraient vite du métier.

Maintenant, il ne faut pas non plus abuser du *droit de légitime défense*. D'abord, il ne faut pas faire comme Ribaut le braconnier, qui a tiré un coup de fusil sur Grillou son camarade, et lui a cassé un bras, parce que l'autre, en se disputant, venait de lui donner un coup de poing. Cela, c'est de la vengeance et de la méchanceté. Il ne faut faire que ce qui est nécessaire pour empêcher votre agresseur de vous faire du mal. De plus, il ne faut user du droit de légitime défense que s'il n'y a pas là d'autorité pour vous défendre ; sinon, il faut s'adresser à elle : **on ne doit pas se faire justice soi-même.**

Pénétrez-vous bien de ces vérités-là, mes amis. *Il n'est jamais trop tôt pour s'habituer au respect de la vie humaine.* Commencez dès à présent par éviter les querelles, les batailles entre vous. Elles se terminent souvent mal, par de tristes accidents. Et, en tout cas, on y prend des habitudes grossières et brutales. *Jeu de mains, jeu de vilain.*

Maintenant, pour respecter la personne d'autrui, il ne suffit pas de respecter la vie, le corps des gens : il faut aussi *respecter leur* **honneur.** L'honneur vaut encore plus que la vie : et la preuve, c'est qu'un homme qui a du cœur se fait tuer, quand il est soldat, pour qu'on ne dise pas de lui : « C'est un lâche ! »

Ainsi donc, quand on **calomnie** une personne, c'est-à-dire quand on lui attribue faussement une mauvaise action ou un vilain défaut, *on lui prend son honneur;* et c'est pire que si on lui prenait la vie, parce que c'est plus **traître** : *le calomniateur attaque toujours par derrière.*

La **médisance** est moins abominable, puisque celui qui médit ne fait que dire la vérité ; seulement, c'est une vérité qui porte atteinte à la réputation de quelqu'un, et il aurait pu se dispenser de la dire. C'est là une action méchante : si chacun racontait tout le mal qu'il sait des autres, la moitié de l'humanité haïrait l'autre à mort.

QUATRIÈME LEÇON

LE RESPECT DES PROPRIÉTÉS

Mes enfants, j'entends dire, depuis quelques jours, que le verger de M. Dufort est mis au pillage, on ne sait pas par qui. J'espère bien que personne d'entre vous n'y est pour rien. *Ce serait un vrai déshonneur pour l'école, s'il s'y trouvait un* **voleur.**

Jacques, vous levez la main. Ce n'est pas pour vous accuser : vos parents habitent là-bas au hameau, vous ne venez à la commune que pour la classe, et c'est la nuit que se font ces vilains coups.

— En effet, monsieur. Je ne sais même pas qui peut avoir eu cette mauvaise idée. Seulement, vous dites que ce sont des voleurs. Mais, monsieur, j'ai souvent entendu dire que *marauder n'est point voler :* ce n'est donc pas vrai?

— Vous allez en juger vous-même. Voyons, mon Jacques, est-ce que les fruits du verger de M. Dufort ont poussé tout seuls?

— Bien sûr que non, monsieur. C'est Antoine, le jardinier, qui a planté les poiriers; je l'ai vu plus d'une fois occupé à les tailler, à les arroser. Il passe sa vie à y travailler. Il les aime tellement que, l'an dernier, après la grande gelée, il pleurait presque, parce qu'il fallait en arracher dix que le froid avait fait mourir.

— Eh bien! si ces fruits ont coûté tant de peine, crois-tu donc que le père Antoine, qui les a fait pousser, n'y tient pas? et crois-tu que M. Dufort doit être bien aise de voir disparaître ce qui a donné tant de soucis à son jardinier, qu'il paye et entretient?

Allons, conviens d'une chose: c'est que ces poires, *c'était le travail du père Antoine, et c'était la propriété de M. Dufort.* Et ceux qui les ont prises *ont pris le bien d'autrui, le fruit du labeur d'autrui.* Il n'y a pas deux noms pour les nommer : **ce sont des voleurs.**

C'est comme ceux qui vont dans les bois communaux ou dans les forêts de l'État *prendre du bois* ou *tendre des lacets* pour le gibier. Ou encore ceux qui fraudent à la **douane** ou bien à l'**octroi**, et qui font entrer des marchandises sans payer. Ils disent tous qu'ils ne volent pas. Si c'est du bois ou du gibier qu'ils enlèvent, ils

Il n'est pas permis de faire entrer des marchandises sans payer.

disent que *les forêts ne sont à personne.* Si c'est les droits de douane ou d'octroi qu'ils fraudent, ils disent encore qu'ils ne trompent que l'État, et que *l'État, ce n'est personne.* Croyez-vous que ce soient là des raisons?

Dites-moi, Jacques, il y a ici une boîte où beaucoup d'entre vous mettent de temps en temps un sou : c'est la **Caisse d'épargne scolaire.** Si quelqu'un venait pendant que je ne suis pas là, s'il ouvrait la boîte pour y prendre vos sous, diriez-vous que c'est un voleur?

— Ah ! bien sûrement, oui, monsieur.

— Eh bien ! la Caisse d'épargne, c'est comme l'État : *elle n'est à personne, parce qu'elle est à tout le monde.* Chacun de vous a mis sa part, petite ou grosse, dans cette boîte ; et chaque Français contribue pour sa part à la douane ou à l'octroi.

Et les maraudeurs de bois, les braconniers, que font-ils ? Les uns prennent du bois qui appartient à l'État ou à la commune, du bois que l'État ou la commune doit vendre pour payer ses créanciers. Si chacun en prenait un peu, les forêts seraient bientôt au pillage, elles ne rendraient plus rien, et il faudrait augmenter d'autant les impôts. Quant au gibier, les braconniers le détruisent ; ils tuent tout, les mères et les petits, à tort et à travers, sans s'occuper de savoir s'il en restera pour reproduire l'année d'après. Si on les laissait faire, il n'y en aurait bientôt plus, sans compter qu'ils ne payent pas de permis de chasse, ce qui est une fraude faite aux dépens de l'État, c'est-à-dire à nos dépens à tous.

Braconniers, maraudeurs, fraudeurs, tout cela, voyez-vous, mes amis, *ce sont des voleurs ;* ils ne volent pas des particuliers, ils volent tout le monde : voilà la seule différence.

CINQUIÈME LEÇON

LA LIBERTÉ DE CONSCIENCE. — LA TOLÉRANCE EN MATIÈRE RELIGIEUSE

— L'homme n'a pas seulement droit à disposer de son corps, de ses forces, de son travail, en toute liberté. *Les opinions* aussi *sont libres de plein droit,* pourvu, bien entendu, qu'en les exprimant ou en les publiant, on ne fasse tort à personne.

Je suis libre de penser que le commerce de mon voisin va mal et qu'il pourrait bien un de ces jours être ruiné. Mais si je vais crier cela sur les toits, de façon à tuer son crédit, il pourra me poursuivre en justice, et me demander des **dommages-intérêts,** pour avoir contribué à sa perte.

Je suis libre de penser que quelques lois sont mauvaises, et qu'il faut les changer. Mais si j'excite mes concitoyens à se révolter contre elles, à commettre le crime de rébellion, je suis le complice des rebelles, et je serai puni autant qu'eux pour le moins.

— Monsieur, est-on libre aussi d'avoir la religion qu'on veut?

— Oui, mon ami. Ainsi, en France, on peut être catholique, protestant, israélite, musulman, etc. On peut même ne suivre aucune de ces religions. C'est ce qu'on appelle *la liberté de conscience.* Bien entendu, là comme en toutes choses, *il faut respecter aussi les droits d'autrui et les lois.* **La loi passe avant tout.**

— Mais alors, monsieur, le gouvernement a le droit de ne permettre que les religions qui lui plaisent?

— Non pas. L'État n'a pas à avoir de préférences en fait de religion : *il ne doit pas y avoir de* **religion d'État,** parce que l'État, c'est la chose de tout le monde, et la religion est l'affaire de chacun. Mais d'abord l'État ne s'occupe que du **culte,** c'est-à-dire des manifestations extérieures ; il ne regarde pas dans les consciences, comme faisait le tribunal de l'Inquisition. Ensuite, en fait de culte, l'État ne peut interdire que ce qui serait dangereux pour la Société.

Toutes les fois que l'on **a persécuté** sans raison un culte, on n'a abouti qu'à des cruautés inutiles. Par exemple, Louis XIV, en 1685, a révoqué l'**édit de Nantes,** par lequel Henri IV avait assuré aux protestants la tolérance pour leur culte. Il voulait forcer les protestants à se faire tous catholiques ; il ne fit que les forcer à s'expatrier, à se faire Hollandais, Anglais ou Prussiens, et à porter à toute l'Europe d'abord leur industrie, qui eût dû faire la fortune de notre pays, et puis aussi leur ressentiment contre la France, dont ils auraient pu être les meilleurs citoyens.

Il ne suffit pas de ne pas persécuter les croyances de vos concitoyens, mes enfants : il faut les respecter. Tout homme qui pratique de bonne foi une religion est digne de v. tre estime. *Qu'il soit catholique, protestant ou israélite,* indépendant de ces diverses religions, en ado-

— Tu vas à l'église, je vais à la bibliothèque. A chacun ses convictions !
On n'en est pas moins bons amis.

rant **Dieu**, il obéit à ses convictions, il suit son devoir tel qu'il le comprend. Cette pensée le fortifie et l'excite au bien, et il se sent plus de courage dans les difficultés de la vie, en se disant que tout ce qu'il fait, il le fait pour obéir à ses **devoirs envers Dieu**. Rien n'est plus respectable.

Heureusement d'ailleurs, aujourd'hui, nous avons appris à respecter les convictions religieuses les uns des autres. Aussi les horreurs des anciennes persécutions ne sont plus à craindre : *celui qui voudrait imposer de force tel ou tel culte à tous les Français trouverait à qui parler*. Le temps est passé où l'on disait aux gens : « Il faut croire ceci, il faut professer cela. » Depuis la Révolution, on traite les hommes en êtres raisonnables : quand on veut qu'ils croient une chose, on tâche de la leur faire bien comprendre et de la leur prouver clairement.

Telle est la *méthode de la science :* c'est elle qui émancipe les esprits ; c'est elle qui fait triompher la vraie liberté de conscience. Soyez des hommes instruits, accoutumez-vous à demander la raison des choses, et jamais vous ne serez dupés ni asservis dans vos opinions.

PREMIER RÉCIT

KASPER LE DOUANIER

— Écoutez, brigadier Kasper, à votre place, ce soir je n'irais pas au *col de la Schlucht*. On se doit à sa consigne, je le sais comme vous : j'ai été soldat. Mais, ce soir, vous êtes seul : votre compagnon de route est malade. J'ai entendu dire, à Munster, à l'auberge de l'*Ours blanc*, que ces brigands de **contrebandiers prussiens** préparent un coup pour cette nuit. Vous tout seul, que pourrez-vous? Si vous étiez plusieurs, je ne dis pas. Croyez votre vieil ami, brigadier Kasper.

C'est ainsi que le vieux Mathis, le tonnelier de *Stosswirr*, essayait de détourner Kasper du danger. Il était venu exprès jusqu'à *Retournemer*, à la maisonnette de son ami, et il le suppliait de toutes ses forces.

Kasper ne l'écoutait pas.

— Femme, dit-il, prépare ma houppelande : il fera froid cette nuit. Donne-moi mon fusil, que j'y mette une cartouche avant de sortir. Ces Prussiens, c'est traître ; il faut se tenir prêt dès qu'on a le pied dehors. Les enfants dorment, ne les réveille pas : je vais les embrasser dans leur lit.

Et Kasper se dirigea vers la chambre voisine, où som-

meillaient ses trois petits : Pierre, seul dans son lit ;
Louise et Marie-Rose, serrées l'une contre l'autre, dans
le leur. Il les embrassa doucement : « Bonsoir, fillettes ;
bonsoir, petit soldat, » dit-il à demi voix. Puis il rentra
dans la salle, où Mathis était resté.

— Je vois bien que vous ne m'écoutez pas, briga-

— Bonsoir, fillettes ; bonsoir, petit soldat, dit Kasper à demi voix.

dier. Songez, songez-y bien ! Vous êtes mari et père,
cependant !

— Est-ce une raison de manquer à mon devoir,
Mathis ? Pour que Thérèse rougisse de moi, n'est-ce pas ?
Pour qu'on dise un jour à mes enfants : « Vous êtes les
enfants d'un lâche ? »

Allons, Mathis, vous n'y avez pas pensé. Votre main,
mon brave ami. Au revoir ou adieu, ma Thérèse. Veille
sur nos enfants.

— Ce soir et toujours, dit Thérèse. Va, et fais ce que
tu dois, mon Kasper.

DEUXIÈME RÉCIT

KASPER LE DOUANIER (*Suite*)

Kasper sortit. Le fusil sur l'épaule, il se mit à remonter les petits sentiers raides qui mènent, le long de la *Moselotte*, à la Schlucht. C'est une longue route, et il fallait les jarrets d'acier d'un ancien chasseur à pied pour franchir en une heure et demie cet espace. Quand il arriva au sommet, il s'orienta : le brouillard l'enveloppait ; un rayon de lune enfin lui permit de se reconnaître : à droite, c'était la *Honeck*, à gauche la *Schlucht*.

— Filons vers la Schlucht, se dit Kasper. Par un temps pareil, ils n'oseront pas se risquer à descendre tout court de la Honeck : ils seraient capables de tomber droit dans le lac de Retournemer. Piquer une tête de trois mille pieds de haut ! Ces renards prussiens ne s'y exposeront pas.

A trois kilomètres de là, le col se rétrécit : ce n'est plus qu'une prairie, d'une centaine de mètres en largeur. A gauche sont les escarpements du *Tanet*, à droite des précipices énormes, au fond desquels on voit briller les lumières de *Stoswirr*, à mille mètres plus bas. La frontière est à deux pas ; une ruine, placée à vingt mètres de la route, offre non pas un abri, mais une cachette.

— L'endroit est bon, dit en lui-même Kasper.

Et il alla s'installer dans la ruine, où il s'accroupit derrière un reste de mur, les yeux fixés du côté de la route, l'oreille au guet.

Dans sa cachette, Kasper songeait.

Il se rappelait les paroles du brave Mathis. « C'est pourtant vrai, se disait-il : pauvre Thérèse, pauvres enfants, si je leur manquais, que deviendrait tout ce petit monde?... Bah! Thérèse est une femme courageuse ; avec la petite pension que le gouvernement fait aux veuves de ses serviteurs morts pour l'État, elle saura les élever tous. Etant nés d'elle, ils ne peuvent devenir que de braves gens. »

Et puis il songeait à d'autres veillées, jadis, quand il sortait à peine du service, et qu'il était douanier du côté de *Thionville :*

« Un beau pays, pensait Kasper : des collines en pente douce, des plaines. C'était plus facile à garder qu'ici : comme toute la *Lorraine*, d'ailleurs. Maintenant, les Prussiens l'ont pris. *L'Alsace* aussi. *Dire qu'il y a moins de huit ans, tout le pays au bas de ces monts, tout ce qu'on découvre, au lever du jour, jusqu'au Rhin,* **était France!...** *Eh bien! non, ce n'est pas la terre prussienne : c'est seulement une terre que la Prusse tient sous son talon.* **Mais c'est toujours la France!...** »

TROISIÈME RÉCIT

KASPER LE DOUANIER (*Suite*)

Kasper songeait ainsi, le brave douanier, lorsque tout à coup, un bruit léger frappa ses oreilles. C'était un grincement de gravier, comme si quelques individus marchaient doucement sur la route. La nuit était noire : on ne voyait rien à quinze pas.

Kasper sortit à pas de loup de la ruine : en se glissant sur l'herbe, il pouvait arriver sans bruit jusqu'au bord de la route. Là, les yeux grand ouverts, il distinguait un peu : plusieurs ombres, qu'il apercevait à peine, s'avançaient à pas lents. Il en compta quatre.

Ces individus paraissaient lourdement chargés.

— Halte! cria tout à coup Kasper, se dressant résolument au bord de la route. Puis comme les contrebandiers faisaient mine de hâter le pas, il se jeta au milieu du chemin, et là renouvela son cri; enfin presque aussitôt, d'un bond se précipitant dans le fossé à droite, il fit entendre un *qui-vive!* énergique, en même temps qu'il armait son fusil.

Tous ces mouvements avaient été accomplis si vite, que les contrebandiers purent croire à la présence de toute une escouade de douaniers. Au hasard, ils déchargèrent de droite et de gauche plusieurs coups de revolver; puis ils se replièrent à quelques pas en arrière, pour tenir conseil.

Trois minutes ne s'étaient pas écoulées qu'ils revenaient, longeant la route, se glissant dans les fossés. Ils

— Halte! cria tout à coup Kasper.

arrivèrent sur Kasper, lorsque la lune, se montrant tout à coup entre deux nuages, le leur fit voir, accroupi dans l'herbe.

— Il est seul, gronda leur chef. En avant!

Et tous quatre, ils se jetèrent sur lui.

QUATRIÈME RÉCIT

KASPER LE DOUANIER (*Fin*)

Kasper ne bougeait pas. Une balle tirée à l'aventure l'avait atteint au ventre : la blessure était horrible; le sang coulait en abondance, et les entrailles se seraient échappées, si le vaillant douanier ne les avait retenues de la main gauche. *Il voulait retarder sa mort, pour utiliser au service de son pays jusqu'à la dernière seconde de sa vie.*

Il tenait son fusil tout chargé dans son poing : quand le chef des fraudeurs fut sur lui, il lâcha son coup. L'Allemand tomba. Les autres arrivèrent : Kasper n'avait plus la force de charger, mais il avait entre les dents son sabre baïonnette. Comme il était étendu, les contrebandiers s'approchèrent pour l'achever : au moment où l'un d'eux se penchait pour lui tirer son coup de revolver dans l'oreille, Kasper agonisant se redressa, et, d'un furieux coup de pointe, il perça la poitrine du brigand...

Le lendemain matin les gens de l'auberge de la Schlucht ramassèrent deux Prussiens morts. Kasper avait encore un souffle de vie; on le porta à sa maisonnette de Retournemer. Il expira en y arrivant; mais il avait eu le temps d'embrasser Thérèse et les enfants.

Ceci est arrivé en 1878. Depuis, Pierre est entré au *collège de Saint-Dié*, avec une bourse de l'État; c'est un solide garçon et un bon élève, également bien noté en classe et au *bataillon scolaire.* L'année dernière, comme il arrivait à ses quatorze ans, on lui a remis son fusil d'exercice, un vrai fusil de soldat. Il l'a regardé avec soin, et le sergent, qui était tout près, l'a entendu qui disait :

— *Te voilà enfin, mon fusil! A nous deux maintenant. Souvenons-nous de ce que nous avons à faire : il s'agit de venger le douanier Kasper; il s'agit de remettre la frontière là où elle n'aurait jamais dû cesser d'être, là-bas, vers le Rhin. Va,* **mon père,** *les* **contrebandiers prussiens** *n'en ont plus pour longtemps à faire leur métier d'assassins, sur les sommets de la Schlucht, dans notre* **Alsace!**

CINQUIÈME RÉCIT

LE MASSACRE DE VASSY

En 1561, la petite ville de Vassy[1], en Lorraine, s'était presque tout entière convertie au protestantisme. Cette nouvelle transporta de fureur **Guise,** *duc de Lorraine :*

Le massacre de Vassy.

ce prince était catholique, et n'entendait pas qu'un de ses sujets fût d'une religion différente. Il résolut de châtier les gens de Vassy.

Le 1er mars 1562, jour de dimanche, il rassembla ses domestiques armés, et, en outre deux cents fusiliers ou *arquebusiers*, comme on disait alors, et marcha sur Vassy. Les protestants, au nombre de douze cents, étaient assemblés dans une grange qui leur servait d'église. Ce fut de ce côté que le duc de Guise se dirigea avec sa troupe.

1. Chef-lieu d'arrondissement du département de la Haute-Marne.

Arrivé à vingt-cinq pas, il fit tirer aux fenêtres de la grange deux coups d'arquebuse. Les protestants, déjà habitués à être persécutés, comprirent aussitôt ce qu'on leur voulait. Ceux qui étaient près de la porte voulurent la fermer, mais ils ne le purent pas. Les gens du duc, l'épée au poing, entrèrent comme un orage, en criant : « *Tue !... tue !... à mort !* »

La tuerie commença en effet aussitôt. Les protestants étaient sans armes et ne résistaient pas ; quelques-uns tâchaient de s'enfuir par le toit. Le duc excitait son monde contre eux et criait : « *A bas, canailles !* » Un de ses domestiques se vantait d'avoir à lui seul fusillé *six de ces pigeons.* Le massacre dura pendant une heure : on tua les femmes et les enfants, comme les hommes. Quand on s'arrêta, il y avait soixante cadavres. Les blessés étaient innombrables.

C'est depuis ce temps que le nom de Guise commença d'être exécré en France et dans toute l'Europe. En Lorraine, ce nom est devenu une insulte atroce ; appeler quelqu'un « Guise », c'est pis que de le traiter d'assassin.

En effet, peu d'assassins ont eu sur leur conscience autant de crimes que le duc de Guise en a commis par fanatisme dans cette journée-là.

RÉSUMÉ

1. A sa majorité, l'enfant devient un citoyen et un homme.

2. Un homme digne de ce nom respecte et aime tous ses semblables comme des égaux et des frères.

3. Les sauvages les plus abrutis ne semblent au-dessous de nous que par l'effet de la misère et du mauvais exemple.

4. Il ne faut jamais dire d'un homme : « C'est un sauvage, donc il est fait pour être esclave. » C'est là une parole abominable.

5. La France a délivré tous les esclaves de ses colonies en 1848.

6. Aujourd'hui, partout où règne la civilisation européenne, tout homme est libre de son corps.

7. La liberté de chacun doit être limitée de façon à ne pas empiéter sur la liberté d'autrui.

8. Celui qui viole le droit d'autrui n'est plus dans son droit : il n'y a pas de droit contre le droit.

9. Il faut respecter la personne d'autrui et ses biens. Autrement, ce serait la guerre de tous contre tous.

10. Un homme qui en frappe un autre n'est plus un homme, c'est une bête brute.

11. Cela n'empêche pas le droit de légitime défense, quand on vous attaque.

12. Il ne faut pas, même en se défendant, faire plus de mal qu'il n'est nécessaire.

13. Habituez-vous, tout enfants, à respecter la personne humaine. Ne vous battez pas. Jeux de mains, jeux de vilains.

14. Il faut respecter l'honneur des gens, car il est plus précieux pour eux que la vie.

15. Le calomniateur est un voleur d'honneur et un traître.

16. La médisance est un vilain défaut : elle finirait par rendre la société des hommes impossible.

17. La maraude est un vol : les fruits ne poussent

pas seuls; celui qui les prend dérobe le produit du travail d'autrui.

18. Ceux qui prennent du bois dans les forêts de l'État volent le Trésor, c'est-à-dire tout le monde.

19. Il ne faut pas dire : « Voler l'État n'est pas voler. » C'est comme si on disait : « Voler la Caisse d'épargne scolaire, ce n'est pas voler. »

20. Les braconniers volent à l'État le gibier qu'ils détruisent à tort et à travers, sans compter le permis qu'ils ne payent pas.

21. Les opinions sont libres, à condition qu'en les publiant on ne fasse de tort à personne. C'est là la liberté de conscience.

22. Chacun est libre d'avoir la religion qu'il veut, ou bien de n'en pas avoir.

23. Cependant, on ne peut pas professer extérieurement une religion contraire aux lois : la loi passe avant tout.

24. L'État ne doit pas avoir de préférence en fait de religion ; il ne faut pas de religion d'État.

25. Les persécutions sont toujours des crimes inutiles. Louis XIV, en chassant les protestants de France, n'a réussi qu'à semer des ennemis dans toute l'Europe.

EXERCICES ORAUX OU ÉCRITS

1. Que devient l'enfant à sa majorité?
2. Définissez l'homme digne de ce nom.
3. Qu'est-ce qui fait paraître les sauvages si au-dessous de nous?
4. Peut-on dire que certains hommes soient faits pour être esclaves?
5. Quand la France a-t-elle libéré les esclaves de ses colonies?
6. Où est-ce que les hommes sont tous libres?
7. Comment la liberté de chacun doit-elle être limitée?

8. Pourquoi celui qui viole le droit d'autrui n'est-il plus dans son droit?

9. Pourquoi faut-il respecter la personne et le bien d'autrui?

10. Comment faut-il considérer l'homme qui en frappe un autre?

11. Quand avons-nous le droit de légitime défense?

12. Peut-on faire tout le mal qu'on veut en se défendant?

13. Comment les enfants peuvent-ils s'habituer à respecter la personne humaine?

14. Pourquoi faut-il respecter l'honneur des gens?

15. Qu'est-ce que le calomniateur?

16. Qu'est-ce que la médisance? — Quel en est l'effet?

17. Pourquoi la maraude est-elle un vol?

18. Qu'est-ce que volent ceux qui pillent les forêts de l'État?

19. Peut-on dire : Voler l'État n'est pas voler?

20. Qu'est-ce que les braconniers volent?

21. A quelles conditions les opinions sont-elles libres? — Comment se nomme cette liberté?

22. Est-on libre d'avoir ou de n'avoir pas une religion?

23. Peut-on professer une religion contraire aux lois?

24. L'État peut-il avoir sa religion à lui?

25. Que sont les persécutions? — Qu'a fait Louis XIV en chassant les protestants?

Devoirs de rédaction

1. Expliquez pourquoi il n'est pas permis de réduire même des sauvages en esclavage.

2. Montrez que le mieux pour l'homme est de vivre en société.

3. Racontez l'histoire d'un voleur qui aurait essayé de pénétrer dans une maison de votre voisinage, la nuit. Dites comment il a été blessé, pris, mis en prison. — Montrez qu'on a usé contre lui du droit de légitime défense, sans l'outrepasser.

4. Qu'est-ce que la médisance et la calomnie? — Montrez-en la bassesse par des exemples.

5. Réfutez ce préjugé : qu'on peut frauder et être un honnête homme.

6. Expliquez en quoi consiste la liberté de conscience; dites pourquoi on ne peut pas professer extérieurement toute espèce de religion. — Montrez que ce n'est pas là de la persécution.

7. Racontez les suites de la révocation de l'édit de Nantes; montrez combien cet acte était criminel.

CHAPITRE XII

HUMANITÉ ET PATRIE

PREMIÈRE LEÇON

LA FRATERNITÉ HUMAINE

— Mes enfants, les hommes ne sont pas seulement nos égaux, et il ne suffit pas de les respecter. Ils sont aussi nos **frères,** et il faut **tâcher de les aimer;** et surtout de vous faire aimer d'eux.

Il y a des personnes que vous aimez *tout naturellement :* ce sont vos *parents,* parce qu'ils vous ont donné la vie, qu'ils vous aiment et vous soignent; vos *voisins,* parce qu'ils sont serviables et que vous êtes habitués à eux.

Vous aimez même toutes les personnes du village, tous les habitants du département, et enfin tous vos *compatriotes* qui vivent dans le même pays, sur la terre de France. Ce que je vous dis là vous étonne?

— Mais, monsieur, comment est-ce que nous pouvons les aimer : nous ne les avons jamais vus?

— Comment vous pouvez les aimer? Écoutez-moi, Jacques : aimez-vous votre grand'mère, qui est morte quand vous aviez six mois?

— Oh! oui, monsieur, maman me dit toujours qu'elle n'a jamais connu de femme meilleure; elle m'aimait beaucoup, et, en mourant, elle avait mis de côté des jouets et des livres pour me les donner : elle disait que cela me ferait penser à elle. Et puis il y a son portrait à côté de mon lit : c'est une belle vieille dame, avec des cheveux tout blancs; quand on la regarde, elle a l'air de vous sourire.

—Vous voyez, Jacques : vous aimez votre grand'mère,

et quand on vous parle d'elle, vous avez presque envie de pleurer. Et cependant autant vaut dire que vous ne l'avez jamais vue. Eh bien! c'est à peu près de la même façon que vous aimez tous vos compatriotes, tous les enfants de la terre française. Vous vous rappelez, quand il y a eu de si grandes *inondations dans le Midi :* je vous ai lu alors dans le journal tous les malheurs de ces pauvres gens, les villages dévastés, les récoltes et les bestiaux noyés, une partie des familles tuées : vous aviez les larmes aux yeux ; et quand j'ai passé dans vos rangs pour faire

Les Alsaciens-Lorrains partaient par bandes.

la quête, afin d'envoyer à ces malheureux, vous avez tous donné quelque chose, les uns des sous, les autres des habits, chacun selon ses moyens et de bon cœur.

Et quand je vous ai parlé des **Alsaciens** et des **Lorrains**, qui ont été obligés de fuir de leurs départements pour échapper aux brutalités des Prussiens!... quand je vous ai raconté comment ils allaient, par bandes, quittant les maisons où ils avaient toujours vécu, avec leurs valises sur le dos ou leurs meubles chargés sur des charrettes, pour venir demander l'hospitalité à

Nancy, à Paris, jusqu'en Algérie!... Alors aussi vous avez eu pitié de ces infortunés. Et même vous, Jacques, vous disiez que vous vouliez un jour faire la guerre aux Prussiens, pour qu'ils rendent à ces pauvres gens leurs terres et leurs maisons. Et tous vos camarades ont applaudi, et ils ont dit qu'ils iraient avec vous.

— C'est vrai, monsieur! C'est vrai! Nous l'avons dit et nous le ferons.

-- C'est que tous ces gens-là, les inondés du Midi et les exilés d'Alsace-Lorraine, sont des Français comme vous. Ils parlent la même langue; leurs pères ont été amis des vôtres, et tous se sont depuis des siècles toujours défendus ensemble contre les mêmes ennemis. Voilà pourquoi il vous est facile de les aimer.

DEUXIÈME LEÇON

IL FAUT AIMER TOUS LES HOMMES

Mais ce n'est pas tout encore. **Il faut aimer tous les hommes,** *même ceux qui ne sont pas Français.*

— Comment, monsieur! il faudrait donc aimer aussi les Prussiens, les Bavarois, tous ces hommes d'Allemagne qui ont tant fait de pillages et de massacres en France, et qui font encore tant souffrir les Français d'Alsace-Lorraine?

— Bien sûr, mes enfants, vous ne pouvez pas aimer ceux qui oppriment les Français. *Et cependant, ce sont des hommes.*

— De vilains hommes en tout cas, monsieur.

— Écoutez-moi bien, mes enfants. Si quelqu'un vous attaquait, vous vous défendriez de toutes vos forces. Si un gredin tombait sur votre frère, vous vous jetteriez sur le misérable, et il serait à plaindre entre vos mains. Mais une fois que vous l'auriez mis à terre, de façon qu'il fût hors d'état de vous nuire, à vous et aux vôtres, alors vous réfléchiriez peut-être que ce criminel est un homme. Et si vous appreniez qu'il a été poussé au crime par la misère ou par de mauvais conseils, alors, au lieu de.le haïr, vous le plaindriez. Vous souhaiteriez que la leçon lui servît, et qu'il revînt à l'honnêteté.

Eh bien! voilà justement comment il faut vous conduire envers les **ennemis de la France.** Ils vous ont volé vos frères d'Alsace-Lorraine, il faut tout préparer pour leur délivrance. Mais ensuite, quand vous aurez eu le bonheur d'accomplir cette grande œuvre, il ne faudra pas chercher à rendre aux ennemis le mal pour le mal. Non! Il faudra tâcher de faire une bonne paix, qui efface les haines passées et dont toute l'humanité profitera.

Souvenez-vous de ceci, mes enfants : c'est que *les Français ont toujours mis leur gloire à servir l'humanité.* Et l'humanité, cela comprend tous les peuples.

En effet, chaque peuple a ses qualités à lui : tous contribuent, à leur manière et selon leur capacité, au progrès de l'humanité. *Il faut donc les respecter tous,* **à condition qu'ils respectent d'abord la France.** Si l'un d'eux est injuste envers elle, il faut se lever pour le punir, d'abord parce que, pour un Français, la France passe avant tout, mais aussi pour lui apprendre une vérité que je vais vous dire; la voici :

« **Toutes les nations sont égales;** il n'y en a pas d'inférieures ni de supérieures. Il n'y en a pas qui soient faites pour souffleter les autres, et il n'y en a pas non plus qui soient faites pour recevoir des soufflets. Les peuples se doivent mutuellement respect et assistance comme les concitoyens d'un même pays : car si *les citoyens sont les membres de la nation, les nations sont les membres de l'humanité!* »

Cette vérité, mes amis, la France l'a toujours proclamée et défendue : au XVIIIe siècle, quand elle envoyait ses enfants combattre pour l'indépendance des États-Unis, comme en 1859, quand ses soldats mouraient pour rendre l'Italie libre. **La France a toujours pensé à l'humanité;** pour être bons Français, ne séparez jamais ces deux mots, et criez avec moi :

VIVE L'HUMANITÉ! VIVE LA FRANCE!

TROISIÈME LEÇON

LE JEUNE SOLDAT

(*Imité de* LAMENNAIS)

Jeune soldat, où vas-tu?

Je vais combattre pour les enfants de la Patrie.

Que tes armes soient glorieuses et bénies, jeune soldat!

Jeune soldat, où vas-tu?

Je vais combattre pour la justice, pour la sainte cause

Le soldat va combattre pour que la patrie soit libre.

de la nation, pour les droits sacrés des opprimés.

Que tes armes soient glorieuses et bénies, jeune soldat!

Jeune soldat, où vas-tu?

Je vais combattre pour délivrer mes frères, pour briser leurs chaînes et les chaînes du monde.

Que tes armes soient glorieuses et bénies, jeune soldat!

Jeune soldat, où vas-tu?

Je vais combattre contre les hommes iniques pour ceux qu'ils renversent et foulent aux pieds, contre les maîtres pour les esclaves, contre les tyrans pour la liberté.

Que tes armes soient glorieuses et bénies, jeune soldat!

Jeune soldat, où vas-tu?

Je vais combattre pour que tous aient sur terre une patrie, et que la patrie soit libre!

Que tes armes soient triomphantes et bénies, jeune soldat!

RÉSUMÉ

1. Il y a des personnes qu'on aime naturellement: ce sont celles que l'on connaît et qui ont été bonnes avec nous.
2. Nous aimons aussi les gens du même pays, nos compatriotes, sans les connaître.
3. Il faut aimer en outre tous les hommes, même ceux qui ne sont pas Français.
4. Ceux qui ont blessé la France, ceux qui oppriment les Français d'Alsace-Lorraine, nous ne pouvons pas songer à les aimer.
5. Il faut d'abord leur arracher nos frères séparés.
6. Mais ensuite, il ne faudra pas leur rendre le mal pour le mal: cela ne serait pas digne des Français.

7. Les nations sont égales entre elles: de même
   que les citoyens sont les membres de la
   nation, les nations sont les membres de l'humanité.

8. C'est la gloire de la France d'avoir toujours
   pensé au bien de toutes les nations. C'est
   pour cela qu'elle mérite de vivre. En dépit
   de la haine des Allemands, la France vivra.

EXERCICES ORAUX OU ÉCRITS

1. Quelles sont les personnes qu'on aime naturellement?
2. Quels hommes aimons-nous sans les connaître?
3. Qui devons-nous aimer encore?
4. Pouvons-nous aimer les Allemands?
5. Que faut-il faire d'abord de ce côté?
6. L'Alsace-Lorraine une fois délivrée, faudra-t-il rendre aux
   Allemands le mal pour le mal?
7. Que sont les nations entre elles? — Que sont-elles par rapport à l'humanité?
8. En quoi consiste la gloire de la France? — Pourquoi la France
   mérite-t-elle de vivre?

Devoirs de rédaction

1. Qu'est-ce que la solidarité des citoyens d'une même nation
dans le malheur? Donnez des exemples.

2. Montrez, par des exemples historiques, que la France a toujours songé au bien de l'humanité.

TABLE DES MATIÈRES

SAINT-DENIS. — IMP. PICARD-BERNHEIM ET Cⁱᵉ. — M.-L.